ROOTS · Booklet Serie · 05 / 2025

» Verwurzelte Gewohnheiten Neue Wege – alte Muster? «

Vorwort

Im Exzellenzcluster ‚ROOTS – Social, Environmental, and Cultural Connectivity in Past Societies' beschäftigen sich Wissenschaftler*innen unterschiedlicher Disziplinen mit der Rekonstruktion vergangener Gesellschaften. Zusammenhänge von Individuen und Gruppen, von Menschen und Umwelt, von Ereignissen, Prozessen und Strukturen werden aus archäologischer und historischer Perspektive untersucht. Im Vordergrund steht die Globalisierung als ein weltweiter Prozess einschließlich der damit verbundenen regionalen Auswirkungen und Reaktionen. Ausgangspunkt war die zugrunde liegende Hypothese: je mehr Menschen vernetzt sind, desto geringer das Konfliktpotential.

Besonders in Zeiten von Krisen und Konflikten mit ihren gestörten Kommunikationsnetzen und Transportwegen ist es umso wichtiger, zu wissen, wie Menschen in veränderten und herausfordernden Situationen in der Vergangenheit reagiert haben: nicht nur in der jüngsten industriellen und postindustriellen Welt, sondern auch in fernen Zeiten. Sie liefern uns sozusagen einen Spiegel unseres Verhaltens und unserer Möglichkeiten. Damit stellt sich die Frage, wie Wildbeuter*innen- und Agrargesellschaften, antike Gesellschaften oder frühneuzeitliche Stadtgemeinschaften in allgemeinen Krisensituationen gehandelt haben.

In diesem Zusammenhang haben wir uns entschieden, eine Broschürenreihe zu erstellen, die in Zeiten massiv zunehmender globaler Konflikte Information in einer allgemeinverständlichen Weise aufbereitet. Mit der vorliegenden Broschüre setzt ROOTS diese Reihe fort, welche die Diskussionen und Ergebnisse unseres Forschungsclusters einer breiteren Öffentlichkeit vorstellt.

In *Verwurzelte Gewohnheiten: Neue Wege – alte Muster* geht es um positive und negative Veränderungen von Gewohnheiten, beispielsweise in Sprache oder Ernährung, im Umgang mit anderen Menschen und von Institutionen. Der Bogen wird gespannt von direkten alltäglichen Veränderungen bis zu solchen der Identität. Fragen der Abfallentsorgung, der Körperhygiene und von Krankheiten werden exemplarisch erörtert, um Gewohnheiten individuellen Handelns, aber auch von Zwang, mit ihren teilweise folgenschweren Konsequenzen darzustellen. Die Änderung von Gewohnheiten betrifft sowohl technische Aspekte, z. B. des Fahrens, als auch Veränderungen von Gesetzestexten und Unterdrückungsmechanismen. Letztere werden am Beispiel der Integration oder Nicht-Integration des Fremden dargestellt – bis hin zu den faschistischen Massenvernichtungen Ausgesonderter. Gewohnheiten spiegeln also Chancen, aber auch Gefahren des Handelns wider. Dass dieses Booklet primär von Doktorand*innen entworfen und verwirklicht wurde, ist ein hohes Gut. Und dafür sei dieser Initiative großer Dank ausgesprochen.

Die Broschürenreihe wurde auch konzipiert, um Diskurse und Kommentare zu Zukunftsfragen aus vergangener Perspektive in anderen Medien anzuregen. Nur wer die Vergangenheit versteht, kann die Gegenwart nachhaltig gestalten und nachhaltige Zukunftsperspektiven entwickeln. Als Menschen bietet uns die Rekonstruktion unseres Verhaltens in völlig anderen Zeiten als heute große Chancen – nicht nur im Hinblick auf das Begreifen menschlicher Gesellschaften, sondern insbesondere in Bezug auf das Mensch-Umwelt-Verhältnis. Daher kann ein tiefes Verständnis der Vergangenheit Chancen für die Zukunft eröffnen.

Johannes Müller
Sprecher des Exzellenzclusters ROOTS

Inhalt

Inhalt

Vorwort im Namen der Young Academy

Gewohnheiten gibt es gute und schlechte. Schlechte Gewohnheiten konservieren Nicht-Zuträgliches, gute tradieren, reproduzieren Bewahrenswertes. Bessere Gewohnheiten sind aus Verantwortung und Vernunftgründen angenommene Verhaltensmuster, verstetigte Verbesserungen. Die besten Gewohnheiten sind aber zweifellos die, die solche stetigen Verbesserungen mit täglichem Vergnügen verbinden.

Was Sie in Händen halten, ist auch ein Versuch, alte Gewohnheiten zu durchbrechen und neue zu begründen. Dieses ROOTS Booklet entstand, so hoffe ich, aus Neugier und der Freude am Fragen. Es entstand aber auch als ein Projekt im Rahmen der ROOTS Young Academy mit der Vorgabe, exzellente Studierende im Promotionsstudium auf eigenständiges und interdisziplinäres Forschen und Publizieren hin auszubilden. Diese Projektarbeit ist Teil des breiter angelegten Lehrkonzeptes der Young Academy, das auch regelmäßige internationale und interdisziplinäre Vorträge und Workshops sowie Austauschprogramme und verpflichtende individuelle halbjährliche Evaluierungen umfasst.

Mit dem Beginn ihrer Tätigkeit in ROOTS waren die Promovierenden gefordert, gemeinsam ein Booklet zu planen, zu erstellen und es schließlich termingerecht einer kritischen Prüfung zu übergeben. Die besondere Schwierigkeit dieser Aufgabenstellung bestand darin, in arbiträr zusammengesetzten Autorengruppen zu einem für alle tragbaren Text zu gelangen – eine ganz praktische Übung in Interdisziplinarität, Kollegialität und gegenseitigem Ansporn.

Der Prozess der Themenfindung, des Diskutierens und des Schreibens, die Verteilung der Rollen bis hin zur verantwortlichen Autoren- und Herausgeberschaft, alles das wurde durch die Promovierenden selbst organisiert und über zwei Jahre hinweg durch eine Reihe von Lehrveranstaltungen der ROOTS Young Academy kritisch begleitet. Insbesondere die ROOTS Postdocs, aber auch Gäste und externe Lehrkräfte haben dabei, angepasst an den jeweiligen Stand des Projektes, geholfen. Es wurde viel diskutiert, etwa was Interdisziplinarität sei, wie man die Wissenschaftssprache Englisch gebrauchen solle, wie man inkludierend schreibt und sich an eine weitere Öffentlichkeit wendet, was bei Copyrights und was bei wissenschaftlicher Grafik zu beachten sei. Die im Verlauf der Projektarbeit entstandenen Texte wurden schließlich einem professionellen Peer-Review unterzogen.

Vieles in der wissenschaftlichen Praxis ist Gewohnheit. Dass diese andauernd zu hinterfragen ist, ist eine Bedingung wissenschaftlicher Exzellenz. Ich hoffe, die Unterstützung der Young Academy hat dazu beigetragen, den Promovierenden in der Arbeit an diesem Heft noch ein bisschen mehr Lust auf die Verbesserung wissenschaftlicher wie allgemein gesellschaftlicher Gewohnheiten zu machen. Das wäre ein kleiner, aber schöner Beitrag zu einem gelingenden Leben in der Wissenschaft und darüber hinaus – und ein solches wünsche ich den Autorinnen und Autoren!

Tim Kerig
Sprecher der Young Academy

Henriette Brandt, Laurenz Hillmann, Darja Jonjić, Anastasiia Kurgaeva, Sara Mura, Katharina Zerzeropulos

Einleitung:

Wie Gewohnheiten unser Denken und Handeln prägen

Wie hast du heute deinen Tag begonnen? Hast du aktiv darüber nachgedacht, was du vom Aufwachen bis zu dem Punkt, an dem du jetzt bist, getan hast? Hast du dich bewusst für jede dieser Handlungen entschieden? Wenn dem nicht so ist, dann bist du – wie die meisten Menschen – deinen Gewohnheiten zum Opfer gefallen. Wenn du jemals versucht hast, deine Gewohnheiten zu ändern, solltest du wissen, dass alte Gewohnheiten nur schwer zu ändern sind!

Gewohnheiten spielen eine entscheidende Rolle bei der Formulierung von Rechts-, Umwelt- und Gesellschaftsnormen. Der Übergang von informellen Normen zu kodifizierten Rechtssystemen, die Erfindung des Rads und die Entwicklung moderner Technologien wie Google Maps haben Aspekte des menschlichen Lebens grundlegend verändert. Darüber hinaus sind gewohnheitsmäßige Praktiken wie das Geben von Geschenken, das Andenken an Verstorbene und die Körperpflege nach wie vor tief im Alltag verwurzelt und spiegeln die sich entwickelnde Natur des menschlichen Denkens und die Signifikanz des kulturellen Erbes wider. Gewohnheiten werden seit langem in verschiedenen Disziplinen untersucht. Innerhalb der Geisteswissenschaften ist Pierre Bourdieu einer der einflussreichsten Gelehrten auf diesem Gebiet, der den Begriff *Habitus* prägte (siehe

Infobox „Vom Habitus zur Gewohnheit – Zum Verständnis kulturell geprägten Verhaltens"). Basierend auf diesem Konzept wird in diesem Heft eine Gewohnheit wie folgt definiert:

Eine Gewohnheit ist eine wiederkehrende, sich wiederholende oder routinemäßig ausgeführte Handlung, die mit minimaler bewusster Anstrengung (als Reaktion auf die Umwelt) vorgenommen wird.

Im Laufe der Zeit haben sich Gewohnheiten entwickelt und in den täglichen Routinen, Normen und Traditionen tief verankert, so dass sie den Kern des täglichen Lebens bilden. Rituale beinhalten Gewohnheiten, werden aber oft absichtlich in einer vorgeschriebenen Reihenfolge praktiziert und haben eine symbolische oder kulturelle Bedeutung. Tradition hingegen ist eine soziale Praxis, ein Glaube oder eine Verhaltensweise mit symbolischer Bedeutung, die über Generationen hinweg weitergegeben wurde. Daher erfordert sie bewusste Handlungen und Gedanken. Im Gegensatz dazu ist eine Gewohnheit eine Handlung, die automatisch nach demselben Reaktionsmuster ausgeführt wird, sofern sie nicht bewusst vermieden oder unterdrückt wird.

In diesem Heft werden Verhaltensweisen aus verschiedenen Perspektiven und wissenschaftlichen Disziplinen untersucht. Ziel ist es, die Entwicklung von Gewohnheiten in der Vergangenheit nachzuvollziehen und zu zeigen, wie sie auch heute noch unsere Gesellschaft und uns als Individuen beeinflussen. Dies unterstreicht die Bedeutung der Vernetzung von Vergangenheit und Gegenwart – das „Lernen aus der Vergangenheit". Als Beitrag der Young Academy des Exzellenzclusters ROOTS vereint dieses Heft Beiträge aus der Linguistik, der Archäologie, den Natur- und Geschichtswissenschaften sowie den Heritage Studies.

Wie bereits erwähnt, beziehen sich die hier beobachteten Gewohnheiten auf verschiedene Aspekte des Lebens: soziale Beziehungen, Mensch-und-Natur-Interaktionen und individuelle Verhaltensweisen. Daher zeichnet dieses Heft nicht nur vergangene Gewohnheiten nach, sondern zielt zugleich auf eine Verbindung zwischen unserer Vergangenheit und Gegenwart ab. Zudem werden Anregungen geliefert, wie das Lernen aus der Vergangenheit zu besseren Verhaltensweisen und Praktiken in der Zukunft führen kann. Nach der Lektüre der Broschüre wirst du in der Lage sein, deine persönlichen Alltagsgewohnheiten besser zu reflektieren! ◆

↑ Abb. 1. Typisch norddeutsch: Hafen mit Möwe, wie hier in Eckernförde (Foto: Jan Steffen, Kiel).

Darja Jonjić, Katharina Zerzeropulos, Sarah Bockmeyer

Moin, Buddel und Klönschnack: Die Sprachgewohnheiten des Nordens

Sprachen sind dynamische Entitäten, was bedeutet, dass sie sich in einem ständigen Wandel befinden, da sie die sich entwickelnde Natur menschlichen Denkens und die Wahrnehmung der Realität widerspiegeln. Dennoch bewahren viele Gemeinschaften ihre spezifischen sprachlichen Ausdrücke als gewohnheitsmäßige Elemente in ihrem täglichen Sprachgebrauch. Diese einzigartigen Sprachgewohnheiten tragen zur Identität einer bestimmten Bevölkerung bei und reflektieren die Gewohnheiten und Traditionen des kulturellen Erbes der Gemeinschaft.

Die norddeutschen Bundesländer Schleswig-Holstein, Hamburg, Bremen und Niedersachsen zeichnen sich durch spezifische sprachliche Merkmale aus, die sie von anderen Regionen unterscheiden. Die geografischen Grenzen dieser sprachlichen Merkmale sind jedoch fließend, d. h., die einzelnen Merkmale können auch außerhalb der angegebenen Bundesländer auftreten. Sprachliche Eigenheiten, wie beispielsweise „Moin" als Begrüßung, „schnacken" für das Plaudern und „luschern" für das heimliche Beobachten, sind fest in dem täglichen Diskurs der Menschen aus Norddeutschland verankert. Diese Eigenheiten sind aber nicht ungewöhnlich; vielmehr geben sie einen Einblick in die regionale Kultur (Abb. 1) und spiegeln die historischen Einflüsse in diesen Dialekten wider. Im Folgenden sollen ausgewählte Beispiele für die norddeutschen Sprachgewohnheiten vorgestellt werden.

Anna-Theres Andersen und Darja Jonjić

Dialekt vs. Akzent

Ein *Dialekt* bezeichnet eine regionale Variante einer Sprache, die eine eigene Aussprache, ein eigenes Vokabular und eine eigene Grammatik hat. „Dit find ick knorke!" ist ein Beispielsatz aus dem Berlinerischen Dialekt. Weitere bekannte Dialekte in Deutschland sind der Schwäbische oder der Sächsische Dialekt.

Ein *Akzent* hingegen bezieht sich ausschließlich auf die Aussprache, nicht aber auf die Grammatik oder das Vokabular. Diese spezifische Sprechweise weicht üblicherweise von der Aussprache anderer Muttersprachler*innen ab und lässt auf die Herkunft der Sprecher*innen schließen. Sprechen beispielsweise aus Osteuropa stammende Menschen Deutsch, ist das Rollen des „r" ein typisches Merkmal ihres Akzents.

Das vermutlich markanteste sprachliche Merkmal der Norddeutschen ist die informelle Grußformel „Moin". Es gibt verschiedene Hypothesen über die genaue Herkunft dieses Ausdrucks. Laut *Duden* könnte das Wort „Moin" vom ostfriesischen *mōi* oder vom mittelniederdeutschen *moi(e)* abstammen, was so viel wie „schön, angenehm, gut" bedeutet. Nachdem im Laufe der Zeit das darauffolgende „Morgen" oder „Tag" weggefallen ist, kann diese Grußformel heutzutage zu jeder Tageszeit eingesetzt werden. „Moin" ist zweifellos das bekannteste und am häufigsten genutzte Wort zur Begrüßung in der Region, oft als informelle Alternative zu förmlicheren Redewendungen. Die Verwendung des freundlichen „Moin" anstelle des formelleren „Guten Tag" oder „Hallo" ist eine lokale Tradition und ein Ausdruck norddeutscher Herzlichkeit und Gastfreundlichkeit. Es ist zu einem wesentlichen Bestandteil der norddeutschen Kommunikation und ihrer Sprechkultur geworden (Abb. 2).

In nahezu jedem norddeutschen Dialekt findet man außerdem das Wort „schnacken" wieder, was „plaudern" bzw. einfach „reden" oder „sich unterhalten" bedeutet und es somit zu einem gängigen Ausdruck in alltäglichen Gesprächen macht. Hierzu zählen auch das norddeutsche Wort „klönen", welches ebenfalls „plaudern" bedeutet, sowie das zusammengesetzte Wort „Klönschnack" – eine Art zwangloses, freundliches Gespräch oder eine Plauderei. Das Verb „schnacken" kommt von *snaken* aus dem (Mittel-)Niederdeutschen, einer westgermanischen Sprachgruppe, die in Norddeutschland gesprochen wird. Es wird auch als Plattdeutsch bezeichnet und war historisch gesehen die Regionalsprache in großen Teilen Norddeutschlands. Auch weitere, typisch norddeutsche Ausdrücke stammen aus dem Plattdeutschen, darunter das Verb „luschern" – ein Ausdruck, der das heimliche Beobachten oder Lauschen auf charmante und lokale Weise beschreibt, sowie die Substantive „Büxen" für Hosen, „Tüddelkram" für kleine, oft unbedeutende Dinge oder Gegenstände und „Kuddelmuddel", was ein Durcheinander oder Chaos beschreibt. Letzteres ist eine sogenannte Reduplikation bzw. eine Reimdoppelung, bei der das niederdeutsche Wort *koddeln* (= nicht sauber, nicht sorgfältig waschen) wiederholt wird und der erste und zweite Teil des Wortes mit den gleichen Lauten enden. Die Verwendung dieser Ausdrücke im täglichen norddeutschen Sprachgebrauch spiegelt die historischen Einflüsse des Niederdeutschen in der Region wider. Die Wurzeln solcher Wörter reichen zurück in die Vergangenheit, als Plattdeutsch eine weitverbreitete Sprache in Norddeutschland war.

» Die Wurzeln solcher Wörter reichen zurück in die Vergangenheit, als Plattdeutsch eine weitverbreitete Sprache in Norddeutschland war. «

Anna-Theres Andersen und Darja Jonjić

Reduplikation und Reimdopplung

Die Sprachwissenschaft kennt sogenannte Stilmittel, die voneinander zu unterscheiden sind. Eines davon ist die *Reduplikation*. Dies ist die Wiederholung eines Wortes oder eines Wortteils, wie beispielsweise in der Wortbildung „blabla". Eine Art der Reduplikation ist die im Text bereits erwähnte *Reimdopplung*. Bei „Kuddelmuddel" handelt es sich um zwei aufeinanderfolgende Wortteile, die sich reimen. Damit wird vor allem in der Alltagssprache ein Klangeffekt erzeugt, der bestimmte Gefühle vermittelt. So erzeugt „Kuddelmuddel" ein Gefühl der Unordnung oder auch Verwirrung, was auch die Bedeutung des Wortes ist.

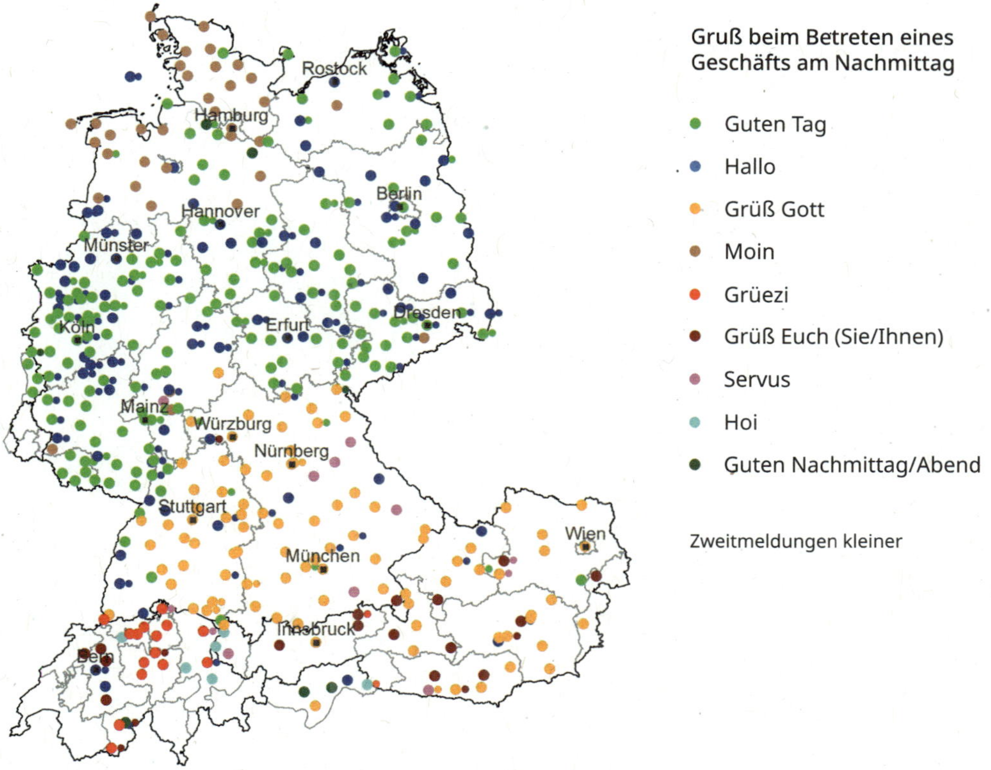

↑ Abb. 2. Typische deutsche Grüße am Nachmittag (Abbildung aus: Elspaß und Möller, 2003ff. Atlas zur deutschen Alltagssprache [AdA]. Online unter: https://www.atlas-alltagssprache.de/runde-2/f01/).

Das nächste Beispiel zeigt, dass auch ein spezifischer Jargon oder eine Fachsprache in die Alltagssprache übergehen und zu einem festen Bestandteil der regionalen Ausdrucksweise werden kann. Der im Norden Deutschlands gebräuchliche Begriff „Buddel" für eine Flasche hat seine Ursprünge im Seemannsjargon des Niederdeutschen und aus dem Altfranzösischen (altfrz.: *boteille*). Anfangs fand der Ausdruck hauptsächlich in Küstengebieten und Hafenstädten Anwendung, hat sich jedoch im Laufe der Zeit im allgemeinen Sprachgebrauch etabliert, insbesondere in Norddeutschland. Der Begriff „Buddel" leitet sich vom niederdeutschen Wort *Buddel* oder *Büdel* ab und bedeutet „Beutel" oder „Tasche". Ursprünglich in der Sprache der Seeleute gebräuchlich, bezog sich das Substantiv auf eine mit Getränken gefüllte Flasche, die von Seeleuten an Bord gebracht wurde. Die Wahl dieses Begriffs könnte darauf zurückzuführen sein, dass die Flasche in ihrer Form oder Verpackung an einen Beutel erinnerte. Im Laufe der Zeit hat sich der Ausdruck „Buddel" für Flaschen auch auf küstenfernere Gebiete ausgeweitet und wird heute in vielen norddeutschen Dialekten verwendet. Diese Benennung bleibt jedoch auf den umgangssprachlichen Bereich beschränkt, insbesondere abseits der Küstengebiete.

Anna-Theres Andersen und Darja Jonjić

Jargon vs. Fachsprache

Unter *Jargon* versteht man eine Sondersprache, die von bestimmten sozialen Gruppen gesprochen wird. Ein Jargon, auch *Slang* genannt, dient dazu, die Kommunikation innerhalb dieser sozialen Gruppe zu vereinfachen und sich von anderen abzugrenzen. Damit hat ein Jargon immer eine identitätsstiftende Funktion. Im Berufsumfeld spricht man dann von *Fachjargon*.

Expert*innen eines Fachbereichs verwenden spezielle Begriffe, wenn sie miteinander sprechen – dies wird als *Fachsprache* bezeichnet. Fachsprachen findet man in allen Wissenschaften, beispielsweise wenn in der Medizin von „Hypertonie" statt von Bluthochdruck gesprochen wird oder statt Ausdauertraining „Kardiovaskuläres Training" bzw. „Kardiotraining" verwendet wird.

Übrigens: die in den drei Infoboxen dieses Artikels definierten Fachbegriffe (Abb. 3) gehören zur Fachsprache der Linguistik!

↑ Abb. 3. Wortwolke mit Fachbegriffen aus der Linguistik (Grafik: Darja Jonjić).

» Solche Sprachgewohnheiten sind ein Zeichen dafür, dass die Wurzeln unserer kulturellen Identität tief in der Sprache verankert sind. Unsere Sprache verkörpert ein Gefühl der Gemeinschaft und Widerstandsfähigkeit, und durch unsere sprachlichen Gewohnheiten können wir Brücken zu unserer Vergangenheit bauen. «

Obwohl die genannten Wörter Teil der Alltagssprache der Norddeutschen sind, soll an dieser Stelle klargestellt werden, dass sie nicht gleich oft genutzt werden. Während „Moin" die am weitesten verbreitete Grußformel in der Region ist und daher regelmäßig und von einem großen Teil der Bevölkerung verwendet wird, kommen Begriffe wie „klönen", „schnacken" oder „luschern" seltener vor. Außerdem wird der norddeutsche Ausdruck „Buddel" hauptsächlich von einer spezifischen Bevölkerungsgruppe gebraucht und nur sporadisch von der breiten Bevölkerung aufgegriffen. Die Wahl des Begriffs hängt von der/dem Gesprächspartner*in oder dem Inhalt des Gesprächs ab, sowie davon, ob man betonen möchte, dass man die Bedeutung von „Buddel" kennt und somit aus dem Norden stammt. Auch wenn im Artikel Begriffe behandelt werden, die im Sprachgebrauch erhalten geblieben sind, ist es wichtig anzumerken, dass einige dieser Ausdrücke nicht immer in der Alltagssprache vorhanden sein müssen.

Anhand der aufgeführten Beispiele stellt man fest, dass die Sprache des Nordens nicht nur ein Kommunikationsmittel ist, sondern ein lebendiger Ausdruck von Geschichte, Tradition und Identität. Denn obwohl Hochdeutsch (die standardisierte Form des Deutschen) heute die dominante Sprachform ist und obwohl Sprachen im Allgemeinen aufgrund von Globalisierung und Digitalisierung ständig im Wandel sind, haben viele regionale Ausdrücke als sprachliche Gewohnheiten im alltäglichen norddeutschen Sprachgebrauch überlebt. Solche Sprachgewohnheiten sind ein Zeichen dafür, dass die Wurzeln unserer kulturellen Identität tief in der Sprache verankert sind. Unsere Sprache verkörpert ein Gefühl der Gemeinschaft und Widerstandsfähigkeit, und durch unsere sprachlichen Gewohnheiten können wir Brücken zu unserer Vergangenheit bauen. Die typischen norddeutschen Ausdrücke, wie sie in den aufgeführten Beispielen ersichtlich sind, vermitteln Gefühle von „Gemütlichkeit", „Warmherzigkeit" und „Heimeligkeit", die charakteristisch für Norddeutschland sind. Sie zeigen deutlich, dass sich alte Sprachgewohnheiten nur schwer aus dem täglichen Sprachgebrauch verdrängen lassen. ◆

Henriette Brandt, Sara Mura, Laurenz Hillmann

„Was der Bauer nicht kennt, frisst er nicht" – Essgewohnheiten unserer Vorfahren

Heutzutage gibt es verschiedene Diäten, die von Personen mit Expertise, Ernährungsberater*innen und Food-Blogger*innen vorgeschlagen werden und die man je nach eigenem Ziel durchführen kann: gesünder werden, fitter werden, üppigeres Haarwachstum, Muskeln aufbauen, Herzkrankheiten vorbeugen usw. Eine beliebte moderne Diät ist im Grunde gar nicht so modern: Die Paläodiät, die prähistorische Ernährung und „essen wie unsere Vorfahr*innen" suggeriert.

↑ Abb. 1. Die moderne Küche ist sehr vielfältig und unterliegt verschiedenen Einflüssen, insbesondere geografischen. Das war auch bei der prähistorischen Ernährung der Fall (Fotos: Cecilie Chen, Oslo).

Eine moderne Paläodiät enthält Obst, Gemüse, mageres Fleisch, Fisch, Eier, Nüsse und Samen. Dies sind Lebensmittel, die die Menschen in der Vergangenheit durch Jagen und Sammeln erlangen konnten. Einige Expert*innen sind der Meinung, dass die Steinzeiternährung dem entspricht, was der moderne Mensch essen sollte. Aber was stand eigentlich auf dem steinzeitlichen Speiseplan? Die steinzeitliche Ernährung war möglicherweise vielfältiger, als wir denken.

Loren Cordain, ein Ernährungswissenschaftler an der Colorado State University, untersuchte die Ernährung heute lebender Jäger*innen und Sammler*innen und kam zu dem Schluss, dass 73 % dieser Gesellschaften mehr als die Hälfte ihrer Kalorien aus Fleisch beziehen. Dies führte zu Cordains (2012) Buch *The Paleo Diet. Lose Weight and Get Healthy by Eating the Foods You Were Designed to Eat* („Die Paläodiät. Nehmen Sie ab und werden Sie gesund, indem Sie die Lebensmittel zu sich nehmen, für die Sie geschaffen wurden"). Befürworter*innen der Paläodiät wie Cordain behaupten, dass wir die Zivilisationskrankheiten wie Herzerkrankungen, Bluthochdruck, Diabetes und sogar Krebs vermeiden können, wenn wir uns an die Lebensmittel halten, die unsere Jäger- und Sammlervorfahr*innen einst aßen. Die aktuelle Begeisterung für die altsteinzeitliche Ernährung beruht auf der Wahrnehmung, dass der anatomisch moderne Mensch seine Nahrungsaufnahme so entwickelt hat, wie es der Ernährung der Jäger*innen und Sammler*innen in der Altsteinzeit entspricht, und dass unsere Gene seitdem nicht genügend Zeit hatten, um sich an landwirtschaftlich erzeugte Nahrungsmittel anzupassen. Es ist aber etwas komplizierter, denn der Mensch ist sehr anpassungsfähig an Situationen und Umgebungen. Die populäre Paläodiät scheint auf einigen falschen Vorstellungen über unsere Vergangenheit und unsere Anpassungsfähigkeit zu beruhen.

Vor etwa zwei Millionen Jahren war der Verzehr von Fleisch eine entscheidende Komponente bei der Entwicklung der größeren Gehirne unserer Vorfahr*innen. Anstatt sich rein pflanzlich zu ernähren, nahmen unsere direkten Vorfahr*innen, der *Homo erectus*, bei jeder Mahlzeit genug zusätzliche Energie zu sich, um ein größeres Gehirn unterhalten zu können. Man geht davon aus, dass das menschliche Gehirn im Ruhezustand etwa 20 % der aus der Nahrung gewonnenen Energie benötigt, während das Gehirn eines Affen etwa 8 % benötigt. Dies bedeutet, dass der menschliche Körper auf eine energiereiche Ernährung angewiesen ist.

Raymond Dart entdeckte die ersten Überreste des *Australopithecus*, einer Gattung der frühen Homininen, die von Dart als der Menschenaffe Südafrikas beschrieben wurde. 1953 schrieb er das Buch *The Predatory Transition from Ape to Man* („Der Übergang vom Affen zum Menschen"), das in späteren Jahren heftig – und vielleicht zu Recht – kritisiert wurde. In seinem Buch behauptete Dart (1953, 210), dass unsere Vorfahr*innen „fleischfressende Kreaturen [waren], die lebende Beute mit Gewalt ergriffen, sie zu Tode schlugen, ihre zerbrochenen Körper auseinanderrissen, sie Glied für Glied zerstückelten, ihren Heißhunger mit dem heißen Blut der Opfer stillten und gierig das sich windende, lebendige Fleisch verschlangen", was sich anhört, als sei es aus einem Horrorfilm entnommen und nicht aus einer wissenschaftlichen Arbeit. Spätere Analysen des Materials haben gezeigt, dass die *Australopithecinen* eigentlich eher Beute- als Raubtiere waren. Martin und Harvey (1987, 697) kommentierten in *Human bodies of evidence* („Menschliche Beweismittel") Darts Interpretation der fossilen Überreste mit den Worten: „Dies ist nur eine besonders anschauliche, überschwängliche Interpretation menschlicher fossiler Überreste, die schließlich nach einer nüchternen wissenschaftlichen Analyse verworfen wurde". Ungeachtet dessen vollzog die Ernährung der Primaten einen bedeutenden Wandel von der pflanzlich basierten zur fleischbetonten Kost, was sich letztlich auf die Evolution der Arten auswirkte.

Vor Tausenden von Jahren nahm die menschliche Ernährung eine weitere entscheidende Wende, als die Landwirtschaft zu einem wichtigen Bestandteil der Subsistenzstrategie wurde. Der Anbau von Getreidesorten wie Hirse, Gerste, Weizen, Mais und Reis sorgte für eine beständigere Nahrungsmittel-

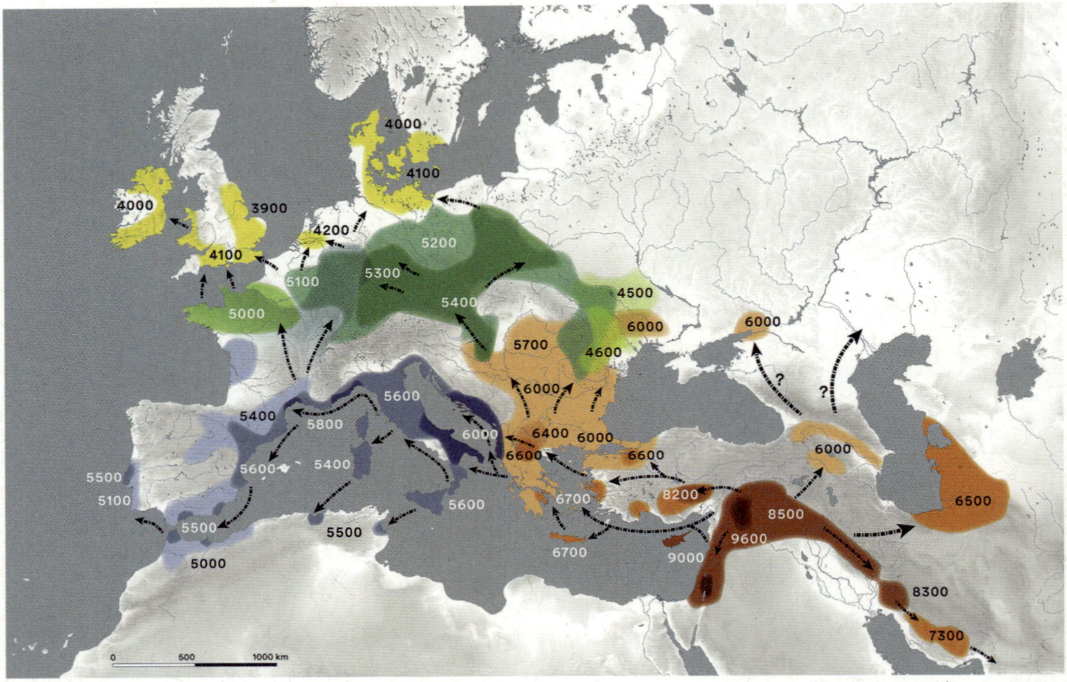

↑ Abb. 2. Die Ausbreitung der Landwirtschaft von Südwestasien nach Europa von 9600 bis 4000 v. u. Z. (Karte: D. Gronenborn, B. Horejs, M. Börner, M. Ober [LEIZA/ÖAI] 2023.1; https://doi.org/10.5281/zenodo.10047818; CC BY 4.0; https://creativecommons.org/licenses/by/4.0/; bearbeitet).

versorgung. Obwohl auch die bäuerlich lebenden Menschen unter Ernährungsunsicherheiten zu leiden hatten, kam es letztlich zu einem Bevölkerungsanstieg, der dazu führte, dass die bäuerlich lebenden Menschen schließlich die Jäger*innen und Sammler*innen zahlenmäßig übertrafen. Es ist umstritten, ob die Umstellung auf die Landwirtschaft einen klaren gesundheitlichen Fortschritt darstellte oder ob eine gesündere Ernährung und ein kräftigerer Körper gegen Ernährungssicherheit eingetauscht wurden.

Der Übergang vom Jagen und Sammeln zum Ackerbau führte zu bedeutenden Veränderungen in den menschlichen Gesellschaften, die als Neolithisierungswelle bekannt sind. Diese brachte die Einführung des sesshaften Lebens, des Ackerbaus und der Viehzucht mit sich. Diese neue Lebensweise, die sich zwischen 6500 und 4000 v. u. Z. in Europa ausbreitete (Abb. 2), hatte ihren Ursprung in Südwestasien zwischen 10 000 und 8000 v. u. Z. Neolithische Siedler*innen, die wahrscheinlich aus Anatolien stammten, erreichten um 6500 v. u. Z. die ägäischen Küsten. Spätere Siedlungswellen breiteten sich über den Balkan, das Karpatenbecken und Mitteleuropa aus und führten neue Techniken der Tierhaltung und des Pflanzenanbaus ein. Über den Prozess der Neolithisierung gibt es unterschiedliche Auffassungen, wobei umstritten ist, ob es sich um eine fremdinduzierte Einwanderung oder um eine lokale Übernahme fremder Praktiken durch europäische Jäger*innen und Sammler*innen handelte. Die Einführung von Tierarten wie Schafen und Ziegen sowie bestimmten Getreidesorten und Hülsenfrüchten aus dem Nahen Osten war ein wichtiger Aspekt dieses Wandels und veränderte die Ernährung der Menschen für immer. Die Ernährung der frühen bäuerlichen Gesellschaften wird seit langem durch die Archäozoologie und Archäobotanik untersucht. Neuere Techniken wie Paläogenetik, die Analyse stabiler Isotope und geometrische Morphometrie haben jedoch unser Wissen über die frühen bäuerlichen Gesellschaften und ihre Ernährung weiter vertieft (mehr dazu in der Infobox zu den naturwissenschaftlichen Methoden in der Archäologie auf der nächsten Seite).

Heutzutage werden indigene Gruppen auf der ganzen Welt aufgrund von Abholzung und der sich ausbreitenden Industrie daran gehindert, ihre traditionellen Ernährungsgewohnheiten beizubehalten. Wenn die Hauptnahrungsquelle der Wald, der Fluss oder der eigene Garten ist, zwingen die moderne Industrie und das Eindringen in den Lebensraum diese Menschen dazu, ihre Methoden der Ressourcenbeschaffung zu ändern. Indigene Gruppen sind gezwungen, von ihrer traditionellen Ernährung und ihrem aktiven Lebensstil des Jagens und Sammelns zum Handel überzugehen, was zur Verschlechterung des Gesundheitszustands der indigenen Bevölkerung geführt hat. Könnte dies ein Hinweis darauf sein, dass die Food-Blogger*innen und Ernährungswissenschaftler*innen, die die Paläodiät predigen, Recht haben? Könnte es uns gesünder machen, wenn wir so essen wie unsere prähistorischen Vorfahr*innen?

Die Erforschung der Ernährungsgewohnheiten im Laufe der menschlichen Evolution zeigt ein komplexes Bild, das von bedeutenden Verschiebungen der Subsistenzstrategien geprägt ist. Die Paläo-Ernährung hat ihre Wurzeln in den Praktiken unserer Jäger- und Sammler-Vorfahr*innen. Im Neolithikum, das durch das Aufkommen der Landwirtschaft gekennzeichnet war, passten die Menschen ihre Ernährung als Reaktion auf ökologische und gesellschaftliche Veränderungen an. In der anhaltenden Debatte um die moderne Ernährung ist es wichtig, den breiteren Kontext der menschlichen Anpassung, der gesellschaftlichen Veränderungen und der Auswirkungen der Globalisierung auf traditionelle Praktiken zu berücksichtigen. Auch wenn es keine Einheitslösung gibt, kann das Verständnis der evolutionären Entwicklung der menschlichen Ernährung die heutigen Diskussionen über Gesundheit, Ernährung und die Nachhaltigkeit von Ernährungsentscheidungen beeinflussen. ◆

» Indigene Gruppen sind gezwungen, von ihrer traditionellen Ernährung und ihrem aktiven Lebensstil des Jagens und Sammelns zum Handel überzugehen, was zur Verschlechterung des Gesundheitszustands der indigenen Bevölkerung geführt hat. Könnte dies ein Hinweis darauf sein, dass die Food-Blogger*innen und Ernährungswissenschaftler*innen, die die Paläodiät predigen, Recht haben? Könnte es uns gesünder machen, wenn wir so essen wie unsere prähistorischen Vorfahr*innen? «

Henriette Brandt, Anastasiia Kurgaeva, Fiona Walker-Friedrichs

Naturwissenschaftliche Methoden in der Archäologie – Archäometrie

Archäometrie ist ein Oberbegriff, der seit den 1950er Jahren verwendet wird, um naturwissenschaftliche Methoden in der Archäologie zusammenzufassen. Diese Methoden haben immer mehr an Bedeutung gewonnen und wurden oft ursprünglich in anderen Disziplinen wie Biologie, Chemie, Physik oder den Geowissenschaften entwickelt. Die neuesten und sich rasch entwickelnden Methoden der Archäometrie haben zahlreiche Teildisziplinen hervorgebracht, die oft eng miteinander verbunden sind und sich manchmal überschneiden. Bei archäologischen Untersuchungen ist es entscheidend, zahlreiche Methoden zu kombinieren, um Forschungsfragen zu beantworten. Im Folgenden wird ein kurzer Überblick über häufig verwendete Disziplinen und Methoden gegeben, welche einen Einblick in die naturwissenschaftliche Archäologie bieten.

Zooarchäologie (auch Archäozoologie) ist die Untersuchung von Tierresten aus archäologischen Kontexten. Bei der zooarchäologischen Analyse werden in der Regel moderne Tierknochen als Vergleichsmaterial verwendet, um die Tierart, den untersuchten Knochen und andere Faktoren wie Knochenkrankheiten zu bestimmen.

Archäobotanik ist das Studium alter Pflanzenreste. Archäobotanische Studien identifizieren und analysieren Samen, Früchte, Pollen und Holz. Diese können in archäologischen Kontexten konserviert sein, z. B. durch Verkohlung, Austrocknung oder Staunässe. Mit Hilfe der Archäobotanik lassen sich beispielsweise die Nutzung von Pflanzen oder die damaligen Umweltbedingungen rekonstruieren.

Archäogenetik ist die Untersuchung alter DNA (aDNA) aus archäologischem organischem Material oder Boden, die z. B. zum Nachweis von Bevölkerungsmischungen, Domestikationsmerkmalen und/oder genetischen Veränderungen verwendet wird. Bei der Boden-DNA (sDNA) steht das Fehlen oder Vorhandensein von Arten im Vordergrund. Diese Untersuchungen sind sehr abhängig von einer guten genetischen Referenzdatenbank.

Die **Analyse stabiler Isotope** wird in der Archäologie zur Bestimmung der Ernährungsgewohnheiten, zur Untersuchung der Mobilität und der Herkunft von Gegenständen sowie zur Rekonstruktion der Umwelt verwendet. Isotope von Elementen haben aufgrund einer unterschiedlichen Anzahl von Neutronen unterschiedliche Massen. Für diese Methode werden Isotope verwendet, die nicht mit der Zeit zerfallen. Daher bleibt die Häufigkeit der Isotope in verschiedenen Materialien im Laufe der Zeit gleich. Je nach Forschungsfrage können beispielsweise Knochen, Zähne, Pflanzensamen und/oder Sedimente für die Analyse stabiler Isotope verwendet werden.

Die **Stratigraphie** ist ein Teilgebiet der Geologie, das sich mit der Abfolge der geologischen Schichten und den Prozessen ihrer Bildung, sowohl lokal als auch regional, beschäftigt. Die Analyse von Paläoböden (Böden der Vergangenheit) und Sedimenten, d. h. die Paläopedologie, ermöglicht die Rekonstruktion vergangener Umgebungen, z. B. der Umweltbedingungen, des Klimas oder des menschlichen Einflusses. Beide Disziplinen nutzen ein vergleichbares Spektrum an Messverfahren, sie analysieren beispielsweise magnetische Parameter, Korngrößen, Elementkonzentrationen und spezifische molekulare Kompositionen. Hinzu kommen visuelle Beobachtungen von Bodenstrukturen und Kompositionen auf Mikroebene, was man Mikromorphologie nennt.

Geophysikalische Methoden sind eine Gruppe zerstörungsfreier Methoden (z. B. Geomagnetik, Bodenradar) zur Analyse der räumlichen Struktur eines archäologischen Fundplatzes. Diese Methoden nutzen verschiedene physikalische Parameter, mit deren Hilfe unter der Oberfläche liegende Strukturen ermittelt werden können.

Es gibt auch spezielle Methoden, die für die absolute Datierung genutzt werden:

Die **Radiokarbon-Altersbestimmung** verwendet radioaktive Isotope wie ^{14}C (Kohlenstoff-14), die mit der Zeit zerfallen. Dies macht die Radiokohlenstoffdatierung zu einem sehr wichtigen Instrument in der Archäologie, um das Alter von Knochen, Holzkohle, Erde und anderen organischen Stoffen zu bestimmen.

Die **Dendrochronologie** ist die Bestimmung des absoluten Alters eines Holzstücks anhand der Abfolge von Baumringbreiten. Sie kann zusammen mit der Radiokohlenstoffdatierung verwendet werden, um die Genauigkeit zu erhöhen. Aufgrund der unterschiedlichen Faktoren, die den Baumwuchs beeinflussten, sind die Chronologien jeweils spezifisch für eine Region und eine Baumart.

Die **Lumineszenzdatierung** ist eine Form der Geochronologie. Mit ihrer Hilfe wird ermittelt, wann ein Mineralkorn wie z. B. Quarz zuletzt dem Sonnenlicht oder ausreichend hohen Temperaturen, wie sie beispielsweise beim Brennen von Keramik entstehen, ausgesetzt war. Das Alter wird durch die Messung der freigesetzten Photonen errechnet. ◆

← Abb. 1. Von der Makro- über die Meso- bis hin zur Mikroebene: sedimentäre und paläopedologische Analyse auf verschiedenen Beobachtungsebenen am jungpaläolithischen Fundplatz Kostenki 17 in der Osteuropäischen Ebene (Russland, Oblast Woronesch). A) Das Löss-Paläoboden-Profil, in dem die wichtigsten stratigraphischen Einheiten unterschieden werden. B) Die Beschreibung der Hauptmerkmale und anthropogenen Einschlüsse der verschiedenen Sediment- und Paläobodeneinheiten erfolgt auf der Mesoebene. C) Natürliche und anthropogene Genese des Materials, einschließlich sedimentärer und bodenkundlicher Prozesse, werden als Ergebnis der Beobachtung unter dem Mikroskop festgestellt (Fotos: Anastasiia Kurgaeva).

↑ Abb. 1. Die Oberfläche der Kulturschicht an der jungpaläolithischen Fundstelle Uzynagash 1, Südostkasachstan. Gegenstände aus Stein wurden von den Bewohnern als Abfall auf der Siedlungsoberfläche zurückgelassen, ohne dass sie sich um die Abfallentsorgung kümmerten (Foto: Anastasiia Kurgaeva).

Anastasiia Kurgaeva, Florian Schwake, Fiona Walker-Friedrichs

Aus den Augen, aus dem Sinn? Gewohnheiten der Abfallentsorgung

Der Mensch ist untrennbar mit der Natur und seiner Umwelt verbunden und steht mit beiden in einer gegenseitigen Wechselbeziehung: Menschliches Handeln wirkt sich nicht nur auf die Ökosysteme aus, sondern der Mensch ist auch stark von seiner Umwelt und ihren Veränderungen abhängig. Jeden Tag verbrauchen die Menschen zum Leben natürliche Ressourcen und produzieren Abfälle. In den meisten Fällen werden diese wieder in das Ökosystem zurückgeführt. Im Folgenden soll deshalb im Rahmen der hier vorgenommenen Untersuchungen menschlicher Gewohnheiten die Entsorgung von Abfällen, spezifisch die Entsorgung von Hausmüll, betrachtet werden.

Die Müllentsorgung kann je nach Region gewissen Regeln unterliegen, in Deutschland beispielsweise der Mülltrennung. Je nach Person oder Haushalt ist es eine bewusste oder unbewusste, täglich wiederholte Handlung. Auch die Entsorgung und gegebenenfalls Aufbereitung des Abfalls ist ein Thema, mit dem sich Menschen heutzutage weltweit auseinandersetzen müssen; dies galt aber schon in der Vergangenheit und wird auch in Zukunft so sein. Dass der Umgang mit Müll dabei unterschiedlich war und ist, liegt auf der Hand. Dennoch lohnt es sich, sich genauer mit dieser Gewohnheit zu befassen und die Entwicklung ihrer Merkmale (d. h. Abfallmaterial, geografische Verteilung und Konzentration, ihrem [negativen] Umwelteinfluss *etc.*) anhand von Beispielen aus drei Epochen (dem Jungpaläolithikum, der Industriellen Revolution und der Moderne) zu beleuchten. Die Auswahl der Fallstudien und Zeiträume ist subjektiv und hängt hauptsächlich mit der Verfügbarkeit von Daten und deren Anschaulichkeit für die Diskussion zusammen.

Im Paläolithikum (vor etwa 2,5 Millionen Jahren bis 10 000 v. u. Z.) bestanden die menschlichen Abfälle hauptsächlich aus weggeworfenen Stein- und Knochenartefakten sowie aus organischen Resten. Diese mineralischen, organischen und organisch-mineralischen Materialien können in Ökosystemen sowohl mit als auch ohne menschliche Präsenz gefunden werden. Infolge der menschlichen Aktivitäten im Paläolithikum sind die Abfälle lokal verteilt, d. h. sie befinden sich innerhalb der Siedlungsorte oder wurden nach deren Aufgabe durch natürliche Prozesse entlang der Topographie des Geländes verlagert.

Die nomadische Lebensweise der paläolithischen Bevölkerung bestimmte die Art der Abfälle, die sie produzierte: Steinwerkzeuge und die Ergebnisse ihrer Herstellung (unterschiedliche Abschläge, Steinspäne, verlorene oder zurückgelassene Steinwerkzeuge usw.), Tierknochen und organische Überreste wie Abfälle aus der Nahrungsproduktion, der Werkzeugherstellung und der Organisation des Lebensraums (z. B. Holzpfähle für Bauten, Feuerstellen). Diese Abfälle können als „natürlich" betrachtet werden, da die altsteinzeitliche Bevölkerung noch nicht über das technologische Wissen zur Herstellung von Materialien verfügte, die in der Natur nicht vorkommen. Ihre Abfälle bestanden daher hauptsächlich aus physikalisch bearbeiteten Gegenständen aus der Natur. Sobald ein Ort mit angesammeltem Abfall verlassen wurde, wurde er Teil der Umwelt, seine Auswirkungen auf das Ökosystem waren unbedeutend. Die organischen Überreste konnten natürlich abgebaut und anschließend in die Substanz des Bodens integriert werden. Steinmaterial und nicht (vollständig) aufgelöste Knochen blieben unter jüngeren Sedimenten vergraben und können heute von Archäolog*innen freigelegt und untersucht werden (Abb. 1).

So konnte eine lokale Ablagerung von Abfällen paläolithischer Menschen festgestellt werden. In den meisten Fällen wurde der Abfall innerhalb einer Siedlung gefunden, ansonsten vereinzelt aufgrund von Erosionsprozessen entlang von Geländekanten, wo er sich innerhalb desselben Ökosystems ansammelte. An Orten, die nur kurze Zeit bewohnt waren, blieben die Abfälle aus der Schlachtung von Tieren und der Herstellung von Steinwerkzeugen an der Oberfläche in der Nähe des Platzes zurück, an dem diese Tätigkeiten stattfanden. An länger besiedelten Orten des Jungpaläolithikums (etwa 50 000 bis 10 000 v. u. Z.), die durch größere Abfallmengen gekennzeichnet waren, wurden Gruben zur Abfallentsorgung ausgehoben oder die Abfälle am Rande der Siedlung angehäuft. Dies ist möglicherweise eine der ältesten Methoden des Abfallmanagements, die von Archäolog*innen erfasst wurden.

Das Aufkommen des Warenaustauschs, die Intensivierung der Nahrungsmittelproduktion und später der verarbeitenden Industrie sind mit einer dichteren Besiedlung und Urbanisierung im Allgemeinen verbunden. Die ersten städtischen Zentren entstanden bereits 4000 v. u. Z. Im Laufe der Zeit beschleunigte sich die Urbanisierung in verschiedenen Kulturen weltweit und entwickelte sich in vorindustrieller Zeit und im Zuge der industriellen Revolution immer schneller. Die zunehmende Bevölkerungsdichte führte zu einer höheren Konzentration von Haushaltsabfällen, die die natürliche Kapazität der Ökosysteme zur Zersetzung und Verdünnung der dort abgelagerten Stoffe überforderte. Dies führte zur Verschmutzung. In einigen Fällen verbreitete sich die Verschmutzung durch stark betroffene Wasserwege von lokalen auf regionale Gebiete.

Mit der Zeit entwickelten die Menschen das Wissen darüber, wie sie den Zustand natürlicher Ressourcen verändern konnten, um langlebigere Gegenstände herzustellen, beispielsweise Töpferwaren, Ziegel aus Ton, Metalllegierungen usw. Die Bestandteile der Abfälle änderten sich, aber mit Blick auf die natürlichen Zersetzungsprozesse änderte sich wenig: Diese Gegenstände waren immer noch innerhalb angemessener Zeiträume abbaubar (von mehreren Monaten bis zu mehreren Jahren) oder hatten keine starken negativen Auswirkungen auf die Ökosysteme (z. B. Lederbekleidung und Töpferwaren). Allerdings stieg mit der wachsenden Anzahl von Menschen auf engem Lebensraum auch die Abfallmenge innerhalb einiger Ökosysteme. Dies führte zu einer höheren Abfallkonzentration (d. h. die pro Flächeneinheit produzierte Abfallmenge). Der Abfall konnte vor Ort nicht mehr natürlich abgebaut werden und wurde schließlich in der Umwelt, vor allem in Gewässern wie Seen und Flüssen, entsorgt. Dadurch wurde die natürliche Kapazität der Gewässer, die entsorgten Stoffe zu zersetzen, zu verdünnen oder in einer unschädlichen Form zu speichern, überschritten, so dass diese verschmutzten. Es gibt Beweise für diese Verschmutzungen bereits in der Prähistorie – vor der Erfindung der Schrift – z. B. durch die Verbrennung von Abfällen in geschlossenen Höhlen durch die paläolithische Bevölkerung. Die ersten globalen Verschmutzungen, Ergebnisse der Metallproduktion der antiken Griechen, Römer und Chinesen, lassen sich im Eiskern von Grönland nachweisen. Die Umweltverschmutzung durch die Entsorgung von Haushaltsabfällen wurde jedoch wahrscheinlich erst viel später durch die zunehmende Bevölkerungsdichte zu einem ernstzunehmenden Problem.

Seitdem nahm die Konzentration und Menge der in die Wassersysteme eingeleiteten Haushaltsabfälle stetig zu. Da Gewässer oft miteinander verbunden sind, konnte die lokale Flussverschmutzung ohne vorbeugende Maßnahmen zu einem regionalen Problem werden. Leider gibt es nur eine begrenzte Anzahl von paläoökologischen Studien zur Wasserverschmutzung durch Hausmüll. Die meisten von ihnen konzentrieren sich auf das Problem der Eutrophierung. Diese entsteht durch den übermäßigen Zufluss von Nährstoffen in Gewässersysteme, vor allem in Seen, was zu einem explosionsartigen Wachstum von Wassermikroorganismen und damit zu Sauerstoffmangel führt, der wiederum das Absterben anderer Wasserorganismen verursacht. Aber auch historische Dokumente können hilfreich sein, um die negativen Auswirkungen von Hausmüll nachzuvollziehen. So kam es beispielsweise im Juli und August 1858 in London aufgrund der starken Verschmutzung der Themse zum sogenannten „Great Stink" (Abb. 2). Aufgrund des vorangegangenen explosionsartigen Bevölkerungswachstums (von knapp 1 auf 3 Millionen in der ersten Hälfte des 19. Jahrhunderts) und der Einführung von Toiletten mit Wasserspülung war das bestehende Kanalisationssystem überfordert. Das zudem durch Abwässer der nahegelegenen Industrieanlagen verunreinigte Wasser wurde direkt in die Themse geleitet, woraufhin sich bei sommerlichen Temperaturen ein derartig übler Geruch entwickelte, dass ein neues Abwassersystem gebaut werden musste. In diesem Beispiel sehen wir also, dass das Beibehalten der gewohnten Art der Entsorgung von Haushaltsabfällen aufgrund der hohen Bevölkerungsdichte und des Fehlens einer angemessenen Abfallbewirtschaftung zu einer regionalen Umweltkatastrophe führte.

↑ Abb. 2. *„Der stille Wegelagerer*: Der Tod rudert über die Themse und fordert die Leben von Bürgern, die nicht für die Reinigung des Flusses bezahlt haben, während des Great Stink" (Quelle: Punch Magazine, Band 35, 137; 10. Juli 1858; Wikimedia Commons; https://en.m.wikipedia.org/wiki/File:The_silent_highwayman.jpg; gemeinfrei; Übersetzung: Anastasiia Kurgaeva und Florian Schwake).

In der heutigen Zeit ist die weltweite Umweltverschmutzung zu einem globalen Problem geworden. Eines der heute am häufigsten verwendeten Materialien ist Kunststoff, ein nur sehr langsam abbaubares Produkt, welches dennoch aufgrund seiner Eigenschaften sowie niedriger Produktionskosten überall Verwendung findet. Von seinem Ursprung in den menschlichen Siedlungen über die Flusssysteme und die globalen Meeresströmungen sind Kunststoffreste weltweit nachweisbar. Eine dauerhafte Verschmutzung ist so unausweichlich.

Eines der Kennzeichen des Anthropozäns ist die allgegenwärtige Plastikverschmutzung, die ungefähr in den 1950er Jahren begann. Seit den 1970er Jahren gilt Plastik als Schadstoff, und bereits in den späten 1990er Jahren wurde der sogenannte Große Pazifische Müllteppich (engl.: *North Pacific Garbage Patch*), eine sich über 20 Millionen Quadratkilometer erstreckende Ansammlung von Abfällen, entdeckt. Laut dem WWF-Bericht über die Verschmutzung der Meeresökosysteme durch Plastik, der 2022 veröffentlicht wurde, landen etwa 79 % des produzierten Plastiks auf Mülldeponien oder in der Natur. Sobald es in ein Gewässer gelangt ist, bewegt es sich entlang der damit verbundenen Flusssysteme und landet schließlich im Meer (Abb. 3). Somit entfallen 80 % des Plastikmülls im Meer auf Plastikabfälle vom Land. Aufgrund der Meeresströmungen sammelt sich der Plastikmüll in großen, kreisförmigen und rotierenden Müllteppichen an. Weitere Ansammlungen konnten in der Nähe der größten Emissionsquellen, z. B. an den Mündungen der längsten verschmutzten Flüsse und in maritimen Ökosystemen wie Korallenriffen, Mangrovenwäldern und Tiefsee-Canyons festgestellt werden. Plastik schädigt die Meeresökosysteme physikalisch und chemisch. Ein weiterer wichtiger Aspekt dieses Problems sind Mikro- und Nanokunststoffe, die sich in der Nahrungskette und im menschlichen Körper befinden und zu Krankheiten führen können. Der größte Teil der Kunststoffverschmutzung ist das Ergebnis der Entsorgung von Haushaltsabfällen.

Die Haupteigenschaften von Kunststoff sind seine Widerstandsfähigkeit gegenüber natürlichen Abbauprozessen und seine Beständigkeit, was zur hohen Nachfrage sowie zur weltweiten Verbreitung beiträgt. Doch sind es ausgerechnet diese für den Menschen so nützlichen Eigenschaften, die Kunststoff besonders schädlich für die Umwelt machen. Die zur Verfügung stehende Technologie erlaubt die Herstellung von Materialien, die in der Natur nicht vorkommen, die aber aus Gewohnheit nach Gebrauch in der Natur entsorgt werden. Trotz des wachsenden Bewusstseins für die ökologische Problematik bleibt diese eine ständige Herausforderung.

Wie aus den drei Beispielen für die Abfallentsorgung in verschiedenen Phasen des menschlichen Lebens auf der Erde hervorgeht, haben der technische Fortschritt, das Bevölkerungswachstum, die zunehmende Komplexität der menschlichen Gesellschaften und ihre größere räumliche Ausbreitung über den gesamten Globus sowie die in bestimmten Regionen und Städten steigende Bevölkerungsdichte im Laufe der Zeit zu Veränderungen der Abfallentsorgungsgewohnheiten geführt. Die Abfallmenge und die Fläche, auf der sie verteilt wird, nehmen zu, während gleichzeitig auch die Widerstandsfähigkeit

➜ Abb. 3. Plastikverschmutzung in den Weltmeeren: Schätzungen von Gesamtpartikelzahl und Gewicht des in den Weltmeeren treibenden Plastiks (Karte: Anastasiia Kurgaeva, nach Eriksen *et al.* 2014, 8 Tab. 1).

der Abfälle gegen ihren Abbau zunimmt. Dadurch haben sich die negativen Auswirkungen auf die Ökosysteme verstärkt. So hat sich die Abfallbewirtschaftung von einem Problem für kleine Gruppen zu einem gesellschaftlichen und weiter zu einem weltweiten Problem entwickelt, das heute auch auf internationaler Ebene behandelt werden muss. Die Eigenschaften, das Volumen und die Konzentration von Abfällen sowie die menschlichen Entsorgungsgewohnheiten (individuelle Handlungen, kommunale Abfallbewirtschaftungssysteme) beeinflussen die Zukunft der Abfälle im Ökosystem: Kann der entsorgte Hausmüll ohne negative Auswirkungen auf die Umwelt abgebaut oder gelagert werden? Oder wird er zu einer langfristigen Veränderung des gesamten Ökosystems führen und alle damit verbundenen natürlichen Prozesse und damit auch den Menschen negativ beeinflussen? Diese komplexen Themen der heutigen Abfallwirtschaft und die negativen Auswirkungen von Abfällen auf die Umwelt sind akut und weltweit sehr unterschiedlich.

Die Gewohnheiten der Abfallbeseitigung haben sich nicht nur aufgrund des technologischen Fortschritts geändert, sondern wir können auch eine zyklische Entwicklung beobachten. In jeder betrachteten Fallstudie haben wir gesehen, dass es notwendig ist, bestehende Praktiken zu ändern, wenn die anthropogene Auswirkung auf die Umwelt zu groß wird, um weiterhin unbewusst dieselbe Handlung zu wiederholen. So wurden in der Altsteinzeit Abfallgruben ausgehoben, in der industriellen Zeit des „Great Stinks" wurde ein neues Kanalisationsprojekt initiiert und heute erleben wir den Aufstieg grüner Initiativen und die Entwicklung von Recyclingtechnologien, die das ständig wachsende Problem der Abfallentsorgung einzudämmen hoffen. Wie bei jeder Gewohnheit, die mit der direkten Interaktion mit der Natur zusammenhängt, bilden der menschliche Einfluss auf ein Ökosystem und seine Folgen den Zyklus der Entwicklung einer Gewohnheit. Zu Beginn des Zyklus wiederholen die Menschen unbewusst eine Gewohnheit, während die Rückwirkungen auf die Umwelt unbemerkt bleiben, weil die natürlichen Prozesse mit der Menge und Konzentration des anfallenden Abfalls gut zurechtkommen. Erst wenn die Folgen negativ und spürbar werden, setzt sich die jeweilige Gesellschaft bewusst mit dem Problem auseinander. Sie könnte das betroffene Ökosystem aufgeben, das Problem tolerieren oder neue Methoden der Abfallbewirtschaftung erfinden, wie z. B. neue Ablagerungsorte (Abfallgruben in der Altsteinzeit), Verteilungssysteme (neue Abwassersysteme), Abfallrecycling (manchmal zur Herstellung neuer Gegenstände) und die Begrenzung der Abfallproduktion durch die Einführung nachhaltigerer Technologien.

Schließlich gibt es auch gute Nachrichten in Bezug auf die Gewohnheit der Abfallbeseitigung. Die Umweltprobleme, die durch die Rückführung menschlicher Abfälle in die Natur entstanden sind, waren der Auslöser für die Auseinandersetzung mit Ökosystemen und die Erforschung, wie verschiedene Ökosysteme auf globaler Ebene zusammenhängen. Die wissenschaftlichen Untersuchungen der wechselseitigen Beziehungen zwischen Mensch und Umwelt konnten uns bereits vor Naturkatastrophen bewahren – und könnten so zur Reduzierung von heutigen und zukünftigen Umweltbelastungen beitragen. Angesichts der ökologischen Probleme, die sich auch aus der Abfallentsorgung ergeben, betrachten die Menschen die Abfallentsorgung nicht mehr als Gewohnheit. Stattdessen neigen wir dazu, Handlungen bewusst zu verändern, um die Auswirkungen auf die Umwelt zu verringern. So kann aus einer unbewussten Gewohnheit eine bewusste Aktion entstehen, welche zu einer positiven Veränderung führt. Leider geschieht dies noch viel zu selten und ist für den größten Teil der Weltbevölkerung immer noch nicht der Fall. Glücklicherweise gibt es einen wachsenden Trend: Einzelne ergreifen die Initiative, um Umweltprobleme anzugehen, angefangen bei sich selbst. Dazu gehören eine gewissenhafte Abfallentsorgung und Bemühungen zur Minimierung der Abfallproduktion, oft unterstützt durch Veränderungen in der Umweltpolitik, die in unserer Gesellschaft immer mehr an Bedeutung gewinnen. Dies ist zweifellos ein positiver Trend, auch wenn noch ein langer Weg vor uns liegt. ◆

Laurenz Hillmann, Anna-Theres Andersen, Florian Schwake

„Schrubben bis der Arzt kommt": Antike Körperpflegegewohnheiten enthüllt

Die Pflege des eigenen Körpers ist ein grundlegender Teil unseres täglichen Lebens. Sie kann Teil der persönlichen Identität sein, eine Praxis innerhalb eines religiösen Glaubenssystems darstellen oder einfach eine notwendige Routine sein, doch jeder von uns praktiziert sie auf die eine oder andere Weise. Eine Gewohnheit der Körperpflege, oft auch als Hygienepraxis bezeichnet, umfasst erlernte Verhaltensmuster, die regelmäßig ausgeführt werden. Diese Praktiken sind durch ihre häufige Wiederholung fast automatisch geworden. Im Folgenden wollen wir einige dieser Hygiene- bzw. Körperpflegegewohnheiten genauer untersuchen.

Obwohl der Akt der rituellen/religiösen Reinigung und die regelmäßige Pflege des Körpers ähnlich sind, müssen wir zwischen diesen beiden Seiten der Hygiene unterscheiden. Sie sind eng miteinander verwoben und haben sich gegenseitig beeinflusst, vor allem in prähistorischer und historischer Zeit, vor der Entdeckung von Bakterien und anderen Mikroorganismen. Heute ist man der Meinung, dass wir die gründlichsten Körperpflegegewohnheiten und -technologien in der Geschichte der Menschheit haben. Aber wenn wir an vergangene Zeiten mit Menschen aus dem Mittelalter oder sogar der Vorgeschichte denken, stellen wir sie uns oft als dreckige, elende und zerzauste Wesen vor. Diese Vorstellung von der „schmutzigen Vergangenheit" stammt vom Beginn der Industriellen Revolution (2. Hälfte des 18. Jahrhunderts u. Z.), als sich die Gesellschaft veränderte und die Menschen sich von der Vergangenheit distanzieren wollten. Das ist jedoch weit von der Wahrheit entfernt, wie archäologische und historische Funde beweisen. Obwohl die Menschen damals ihre eigene Routine hatten und diese vielleicht ganz anders aussah als in unserer heutigen Zeit, lassen sich über Zeit und Raum hinweg erstaunliche Ähnlichkeiten feststellen. So waren zum Beispiel die römischen Körperpflegepraktiken, die die späteren europäischen Gesellschaften maßgeblich beeinflusst haben, nicht die einzigen einflussreichen Traditionen. Gerade deshalb ist auch ein Blick auf andere Kulturkreise sehr lohnend. Im Folgenden werden wir uns mit den antiken Badegewohnheiten im mittelalterlichen Europa und weit im Osten, im Industal und in Japan, befassen. Ebenso werden wir uns anschauen, wie die Maya ihre Zähne pflegten und wie die Wikinger*innen sich mit ihren persönlichen Gegenständen und Praktiken präsentabel hielten.

← Abb. 1. Japanisches Frauenbadehaus (*Sento*). Gemälde von K. Shigemasa, frühes 19. Jahrhundert. Art Institute Chicago, Ref.-Nr. 1971.455 (Quelle: Art Institute Chicago; https://www.artic.edu/artworks/36550/women-s-bathhouse-and-laundry; gemeinfrei).

Antike Badepraktiken

Die Badegewohnheiten der Industal-Zivilisation, die wir zwischen 2800 und 1800 v. u. Z. im heutigen Pakistan und Nordwestindien finden, zeugen von der Raffinesse der Stadtplanung und der sozialen Bräuche dieser alten Gesellschaft. Die ausgegrabenen archäologischen Stätten, insbesondere Mohenjo-Daro, geben wichtige Einblicke in die gemeinschaftlichen Badegewohnheiten der Menschen. Im Mittelpunkt der fortschrittlichen städtischen Zentren des Industals befanden sich ausgedehnte Badeanlagen, wie das sogenannte „Große Bad", das von gemeinschaftlicher und ritueller Bedeutung war. Die schiere Größe des „Großen Bades" mit seinen Stufen, Simsen und einem sorgfältig konzipierten Abflusssystem zeugt von der Bedeutung, die der Sauberkeit und dem gemeinschaftlichen Baden beigemessen wurde. Die damaligen Badepraktiken im Industal waren nicht nur rein zweckmäßig, sondern auch von einer kulturellen und spirituellen Dimension durchdrungen. Wenn wir uns mit den Überresten dieser alten Zivilisation befassen, entdecken wir nicht nur einen Entwurf für das städtische Leben, sondern erhalten auch einen Einblick in die kulturelle Bedeutung, die dem Baden seinerzeit im Industal beigemessen wurde.

Die alten japanischen Traditionen der Sento- und Onsen-Kultur offenbaren eine tiefe Verbindung zwischen gemeinschaftlichem Baden, Spiritualität und sozialem Leben. *Sento*, öffentliche Badehäuser, und *Onsen*, natürliche heiße Quellen, spielen seit Jahrhunderten eine wichtige Rolle in der japanischen Gesellschaft und spiegeln eine einzigartige Mischung aus Zweckmäßigkeit und kultureller Bedeutung wider. Sento, die auf das 6. Jahrhundert u. Z. zurückgehen, wurden ursprünglich für die öffentliche Gesundheit und Hygiene eingeführt. Im Laufe der Zeit entwickelten sie sich zu sozialen Treffpunkten und förderten den Zusammenhalt der Gemeinschaft. Diese Badehäuser sind mit verschiedenen Becken ausgestattet, die unterschiedliche Wassertemperaturen und Bäder bieten. Der Akt des gemeinsamen Badens in Sento symbolisiert das japanische Engagement für Sauberkeit und gemeinsames Wohlbefinden, wurde aber in der Regel nach Geschlechtern getrennt (Abb. 1). Onsen hingegen nehmen in der japanischen Kultur einen besonderen Platz ein. Diese in Vulkanregionen gelegenen, geothermisch beheizten Bäder werden nicht nur wegen ihrer therapeutischen Wirkung geschätzt, sondern gelten bis heute auch als spirituelle Orte. Das Onsen-Baden wird als meditative Praxis angesehen, die den Menschen mit der Natur verbindet und ein Gefühl der Ruhe vermittelt. Die mit dem Baden verbundenen Rituale unterstreichen die Bedeutung von Sauberkeit, Entspannung und gemeinschaftlicher Harmonie. Diese Traditionen werden auch heute noch gepflegt und geben einen Einblick in die zeitlose Bedeutung von Wasser, Wärme und gemeinsamen Erlebnissen im reichen japanischen Kulturerbe.

Im mittelalterlichen Europa war das klösterliche Leben nicht nur durch Gebet und Kontemplation gekennzeichnet, sondern auch durch die Verpflichtung zu körperlicher und geistiger Reinheit, die anhand von Klosterbädern veranschaulicht werden kann. Bäder waren integraler Bestandteil der mittelalterlichen Klöster und verbanden praktische Hygiene mit symbolischen Ritualen. Diese Bäder, die sich oft innerhalb des Klosterkomplexes befanden, waren für die gemeinschaftliche Nutzung durch die ansässigen Mönche gedacht. Die mittelalterlichen Klosterbäder zeichneten sich durch eine einfache, aber wirkungsvolle Architektur aus, die die Hingabe der Mönche an Einfachheit und Demut widerspiegelte. Sie bestanden in der Regel aus Kalt- und Warmwasserbecken, die es den Mönchen ermöglichten, eine Form der Hydrotherapie zu praktizieren, die sowohl dem körperlichen Wohlbefinden als auch der spirituellen Läuterung diente. Neben den praktischen Aspekten der persönlichen Sauberkeit hatte das gemeinsame Baden in den mittelalterlichen Klosterbädern auch symbolische Bedeutung. Die Mönche betrachteten das Baden nicht nur als ein Mittel zur Reinigung des Körpers, sondern auch als eine Metapher für die geistige Reinigung und Erneuerung. Der gemeinschaftliche Charakter dieser Bäder förderte das Gefühl der Einheit innerhalb der klösterlichen

↑ Abb. 2. Darstellung eines Mönchs, der drei armen Männern die Füße wäscht. Abbildung aus dem sog. Harley-Psalter, Canterbury, 11. Jahrhundert. British Library, Harley MS 603, f 66v (Quelle: British Library, Medieval Manuscripts Blog; https://blogs.bl.uk/digitisedmanuscripts/2018/03/bathtime-for-monks.html; CC BY 4.0; https://creativecommons.org/licenses/by/4.0/; bearbeitet).

Gemeinschaft und stärkte die Ideale der Brüderlichkeit und der gemeinsamen Hingabe (Abb. 2). Im Wesentlichen waren die mittelalterlichen europäischen Klosterbäder mehr als nur einfache Einrichtungen für die Körperpflege: Sie dienten als Räume, in denen die Mönche Praktiken ausübten, die sowohl die körperliche als auch die geistige Dimension ihres Lebens beeinflussten. Diese Bäder sind eine greifbare Erinnerung an die Verflechtung von körperlicher Pflege und spirituellem Leben in der mittelalterlichen Klostertradition.

Gegenstände für die Körperpflege

Die Zahnmedizin der Maya, die ihre Wurzeln in der alten mesoamerikanischen Zivilisation hat, bietet einen faszinierenden Einblick in die hochentwickelten medizinischen Praktiken dieser vergangenen Kultur. Archäologische Entdeckungen zeigen ein bemerkenswertes Verständnis der Zahnpflege. Es gibt Hinweise darauf, dass die Maya verschiedene zahnmedizinische Behandlungen durchführten, darunter das Bohren und Feilen von Zähnen, wahrscheinlich um Probleme wie Karies und Zahnverfall zu behandeln. Ihre Zahnärzt*innen verwendeten eine Reihe von Werkzeugen für Eingriffe, wie z. B. Bohrer, die aus Obsidian, einem scharfe Bruchkanten bildenden vulkanischen Glas, hergestellt wurden. Diese Werkzeuge zeugen von bemerkenswerter Handwerkskunst und technischem Geschick. Der Ansatz der Maya in Bezug auf die Mundhygiene ging über bloße medizinische Eingriffe hinaus; das Verständnis für die Zahnpflege zeigt sich in der symbolischen Verwendung von Zahneinlagen aus Jade. Jade, ein Edelstein, schmückte die Zähne nicht nur

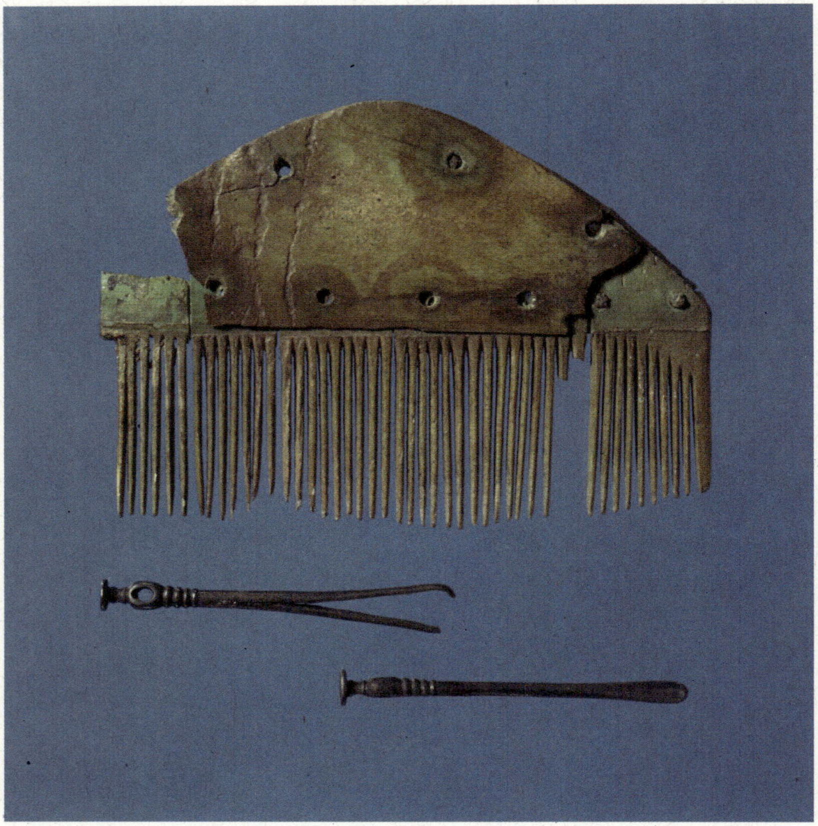

← Abb. 3. Verschiedene Utensilien für die persönliche Körperpflege des Mannes: Ein Kamm, eine Pinzette und ein Ohrlöffel. Gefunden in Hågerup, Gemeinde Brahe-Trolleborg, Dänemark. Nationalmuseum Kopenhagen, Inv.-Nr. C23258, DNF 35/32, DNF 36/32 (Quelle: Nationalmuseum Dänemark; Foto: John Lee; https://samlinger.natmus.dk/do/asset/1779; CC BY-SA 4.0; https://creativecommons.org/licenses/by-sa/4.0/; bearbeitet).

aus ästhetischen Gründen, sondern hatte auch eine kulturelle und rituelle Bedeutung und symbolisierte Status und Spiritualität. Darüber hinaus wurden Heilpflanzen in die zahnärztliche Praxis integriert und natürliche Heilmittel zur Schmerzlinderung und Infektionskontrolle eingesetzt. Diese Kombination aus technologischer Innovation, kultureller Symbolik und natürlichen Heilmitteln ergibt ein umfassendes Bild des Engagements der Maya für die Mundhygiene.

Das vorherrschende Bild der Wikinger*innen als unbarmherzige Krieger*innen, die Europas Küstenstädte plünderten und in Brand steckten, wird durch moderne archäologische Entdeckungen zunehmend in Frage gestellt. Traditionell wurden die „Nordmänner" in den Geschichten der von ihnen besiegten Kulturen ausschließlich als barbarische Invasoren dargestellt, wobei die Komplexität ihrer Gesellschaft oft außer Acht gelassen wurde. Diese Darstellung wurde weitgehend von den einseitigen, in christlichen Klöstern überlieferten Berichten beeinflusst, die das Ethos der Wikinger*innen nicht vollständig widerspiegelten. Neuere archäologische Arbeiten, wie z. B. die Untersuchung der bemerkenswerten Begräbnisstätte von Birka in Schweden, zeichnen ein anderes Bild. Bei Ausgrabungen wurde eine Fülle von Artefakten aus dem 8. bis 10. Jahrhundert gefunden, die das Engagement der Wikinger*innen für die Körperpflege belegen. Darunter befinden sich Pinzetten, Ohrlöffel und Kämme –

Utensilien, die für die Körperpflege unerlässlich waren (Abb. 3). Diese Funde widersprechen dem stereotypen Bild von den Wikinger*innen als wilden Krieger*innen. Stattdessen zeigen sie eine Gesellschaft, die sowohl auf körperliche Stärke als auch auf die Feinheiten der Körperpflege großen Wert legte. Dieses nuancierte Verständnis des Lebens der Wikinger*innen unterstreicht ihre Kultiviertheit, stellt lang gehegte Stereotype in Frage und erweitert unsere Wertschätzung für ihre kulturellen Praktiken.

Moderne Praktiken und ihre Beziehungen

Zusammenfassend lässt sich sagen, dass die Beispiele der Bäder des Industals, der japanischen Onsen/Sento-Kultur, der klösterlichen Bäder, der zahnmedizinischen Praktiken der Maya und der wikingerzeitlichen Pflegeutensilien nicht nur die Details antiker Pflegebräuche enthüllt haben, sondern auch Verbindungen und Unterschiede zwischen diesen Praktiken im Vergleich zu unseren modernen Körperpflegegewohnheiten aufzeigen. Der fortschrittliche Ansatz der Maya bei der Zahnpflege, zu dem auch die Verwendung von Obsidianwerkzeugen und Jade-Einlagen gehörte, unterstreicht ein hochentwickeltes Verständnis von Mundhygiene, das der heutigen Bedeutung der Zahnpflege entspricht, wenn auch mit anderen Materialien und Methoden. Auch die Verwendung von Pinzetten und Ohrlöffeln durch die Wikinger*innen deutet auf eine Kultur hin, die praktischen und ästhetischen Aspekten der Körperpflege Vorrang einräumte.

Während es auffallende Ähnlichkeiten in den zugrunde liegenden Motiven der Sauberkeit und Selbstpflege zwischen den Kulturen gibt, unterschieden sich jedoch die sozialen und architektonischen Kontexte, in die diese Praktiken eingebettet waren, erheblich. Badepraktiken, wie sie in indischen und japanischen Kulturen üblich waren, fanden häufig in Gemeinschaftsräumen statt, die eine wichtige soziale Rolle spielten und strategisch in den städtischen Raum integriert waren. Diese Gemeinschaftsräume waren architektonisch ausgeprägt und auf das kulturelle und ökologische Ethos der jeweiligen Gesellschaft zugeschnitten. Im Gegensatz dazu waren die Klosterbäder abgelegener, was ihre spirituelle und rituelle Bedeutung widerspiegelt.

Während das grundsätzliche Streben nach einem gepflegten Äußeren die Zeit überdauert, verdeutlicht die Art und Weise, wie verschiedene Kulturen diese Praktiken angegangen sind – durch unterschiedliche Raumnutzung, soziale Kontexte und eigens zu diesem Zweck hergestellte Gegenstände – die verschiedenen Wege, auf denen die Körperpflege im Laufe der Geschichte realisiert wurde. Dieses nuancierte Verständnis antiker und moderner Hygienepraktiken erinnert daran, dass der Wunsch nach Sauberkeit und Selbstpflege ein zeitloser und universeller Aspekt des menschlichen Lebens bleibt. ◆

» Der fortschrittliche Ansatz der Maya bei der Zahnpflege, zu dem auch die Verwendung von Obsidianwerkzeugen und Jade-Einlagen gehörte, unterstreicht ein hochentwickeltes Verständnis von Mundhygiene, das der heutigen Bedeutung der Zahnpflege entspricht, wenn auch mit anderen Materialien und Methoden. «

Sarah Bockmeyer, Gianluca Ricci, Anna-Theres Andersen

They See Me Rolling – Wie das Fahren zur Gewohnheit wurde

Fahren Sie mit der Bahn, dem Auto oder dem Fahrrad zur Arbeit? Denken Sie dabei bewusst an die rollenden Räder? Die längste Zeit in der Geschichte der Menschheit brauchten wir nicht darüber nachzudenken, wie wir von einem Punkt zum anderen kommen, denn wir liefen überall hin. Die Menschheit hat fast die ganze Welt zu Fuß oder mit dem Boot erobert, von Afrika über Europa, Asien, Australien und sogar Amerika. Zumindest bis etwa 3500 v. u. Z., als in der mitteleuropäischen Jungsteinzeit – möglicherweise in mehreren Gebieten gleichzeitig – das Rad erfunden wurde, was in den nächsten paar tausend Jahren den Transport und die Fortbewegung in der Landschaft veränderte.

↑ Abb. 1. Eine der ältesten Darstellungen von Rad und Wagen im Megalithgrab von Lohne-Züschen bei Fritzlar in Hessen (Foto: Sarah Bockmeyer).

Die ersten Räder waren Scheibenräder, die aus einem ganzen Baumstamm herausgeschnitten wurden, indem man in Längsrichtung aus dem Stamm eine Scheibe entgegen der Maserung schnitzte. Das Schneiden einer Scheibe als Querschnitt durch den Stamm hätte dazu geführt, dass die Baumringe nach und nach abgebrochen wären und das Rad mit der Zeit kleiner geworden wäre. Es gab auch Räder, die aus zwei oder drei Segmenten gefertigt waren, welche leichter ersetzt werden konnten, wenn eines von ihnen brach. Weil die damals noch dichte Bewaldung in Europa und Asien den Einsatz von Karren unmöglich machte, waren die Menschen noch immer fast überall zu Fuß unterwegs. Doch innerhalb weniger tausend Jahre wurden in Mitteleuropa sowohl gepflasterte Straßen als auch Spezialfahrzeuge wie z. B. Streitwagen entwickelt.

In den Anfängen der Fortbewegung auf Rädern (Abb. 1) wurden Wagen oder Karren höchstwahrscheinlich nur dazu benutzt, die Ernte von den nahegelegenen Feldern einzubringen; in Mitteleuropa hatte der Ackerbau bereits um 6000 v. u. Z. begonnen, also etwa 2500 Jahre vor der Erfindung des Rades. Es scheint einen klaren Unterschied zwischen einer vierrädrigen Wagentradition aus der eurasischen Steppe und der zweirädrigen Wagentradition im süddeutschen Raum und möglicherweise im Karpatenbecken zu geben. Dies dürfte auf das Gelände zurückzuführen sein, da die wendigeren Karren in gebirgigen Gegenden besser für den Transport geeignet waren. Dies zeigt, wie menschliche Gewohnheiten und Handwerkstechniken mit geografischen Landschaften verknüpft sind.

Die Entwicklung von den frühesten Radfahrzeugen bis zu den modernen Transportmitteln ist sehr lang und hat sich im letzten Jahrhundert beschleunigt, obwohl beispielsweise der letzte deutsche Kaiser, Wilhelm II (1888-1918), nicht an ihren Erfolg glaubte. Er behauptete: „Das Auto ist eine vorübergehende Sache. Ich glaube an das Pferd." Und er hätte sich in dieser Hinsicht nicht deutlicher irren können. Die heutigen Debatten über den Klimawandel, fossile Brennstoffe und die Verkehrswende beherrschen unsere Nachrichten und rücken die Fortbewegung auf Rädern wieder in den Fokus.

Trotz der anfänglichen Skepsis gegenüber dem motorisierten Fahren, das die heutige Welt so sehr dominiert, gibt es keinen Tag, an dem wir nicht auf das Rad angewiesen sind. Die tägliche Nutzung von Fahrzeugen ist fast schon ein Automatismus, ähnlich wie die unbewussten Handlungen, die wir in unseren täglichen Gewohnheiten ausführen: Selbst ohne nachzudenken, wissen wir, dass sich das Rad dreht, wie es in dem sehr beliebten Kinderlied „Die Räder vom Bus" heißt. Darin zeigt sich, wie eng diese Verhaltensweisen mit unseren täglichen Lebensgewohnheiten verbunden sind. Es stellt sich die Frage, ob die Fortbewegung auf Rädern von Anfang an zur Gewohnheit wurde, oder ob es sich um eine relativ neue Entwicklung handelt.

Die frühesten Belege für Radfahrzeuge in Norddeutschland stammen aus dem zwischen 3500 und 3400 v. u. Z. errichteten Megalithgrab in Flintbek (Schleswig-Holstein), wo Wagenspuren zeigen, dass beim Bau mindestens eines der Gräber Wagen verwendet wurden. Da die vierrädrigen Fahrzeuge jedoch noch keine bewegliche Vorderachse hatten, konnte der Wagen nicht einfach gewendet werden. Der Wagen in Flintbek bewegte sich daher nur vorwärts und rückwärts.

In Süddeutschland und der Nordschweiz, wo viele Räder und Achsen in den Seen der Alpen und des nördlichen Voralpenlandes gefunden wurden, sah es etwas anders aus. Erstaunlich ist, dass die aus Bäumen gefertigten Scheibenräder mit einem rechteckigen Achsloch an der Achse befestigt waren (Abb. 2), sodass sich die Achse unter dem Wagen drehte.

Diese Bauart war keine kurzlebige Erscheinung, sondern blieb hier rund 1500 Jahre lang bis etwa 2200 v. u. Z. in Gebrauch. Die Entwicklung des Karrens aus der Traverse, einer Art Schlitten, diente dem Materialtransport in bergigen Gebieten. Es ist plausibel, anzunehmen, dass die Räder und die Achse leicht demontiert werden konnten, wenn das Gelände zu steil oder zu eng für Radfahrzeuge wurde. So konnte der Karren bei Bedarf wieder in eine Traverse zurückgebaut werden. Diese Bauweise wurde lange Zeit nicht geändert, da sie anscheinend einfacher zu handhaben war. Im Olzreuter Ried (Baden-Württemberg) wurden vier vollwertige Räder mit rechteckigen Achslöchern gefunden, die dendrochronologisch auf 2897 v. u. Z. datiert wurden. Daneben wurde ein Spielzeug- oder Modellrad mit rundem Loch gefunden, was zeigt, dass beide Konzepte von Rädern zu dieser Zeit bekannt waren, aber die rechteckigen Achslöcher noch immer bevorzugt wurden.

Die steifen Vorderachsen der vierrädrigen Wagen in Norddeutschland blieben ebenfalls recht lange, mindestens bis in die Bronzezeit, in Gebrauch, obwohl sie die Nutzung des Wagens erschwerten. Der Fund zahlreicher zerbrochener Achs- und Radfragmente an einem hölzernen Fahrweg durch ein Moor im nordwestfriesischen Raum ist ein Beweis für die Beschädigung von Radfahrzeugen bei deren Benutzung. Trotz der frühen Versuche, eine „Straße“ aus geradlinig verlegten Holzstämmen zu bauen, um „Inseln“ im Moor zu verbinden, blieb das Gelände für die Fahrzeuge schwierig. In der folgenden Bronze- und Eisenzeit wurden Radfahrzeuge häufiger benutzt und auch des Öfteren in Grabkontexten deponiert. Die ersten Belege für die profane Nutzung von Rädern in Mitteleuropa nach den neolithischen Funden stammen jedoch aus der römischen und mittelalterlichen Zeit.

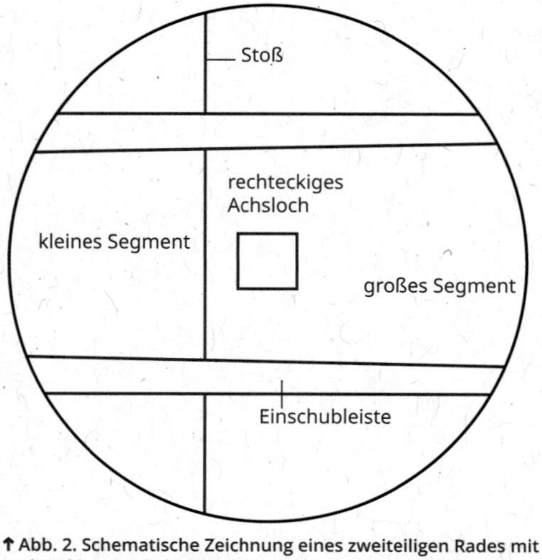

↑ **Abb. 2. Schematische Zeichnung eines zweiteiligen Rades mit rechteckigem Achsloch (Zeichnung: Sarah Bockmeyer).**

Lassen sich also aus den archäologischen Funden Gewohnheiten des Fahrens rekonstruieren? Es ist höchst unwahrscheinlich, dass prähistorische Menschen Fahrzeuge auf Rädern in der gleichen Weise benutzten, wie wir es heute tun. Bau und Instandhaltung eines Wagens oder Karrens erfolgten von Hand und waren entsprechend mühsam. Es gab keine Wagenhändler in der Nähe, bei denen man einen Wagen hätte mieten oder kaufen können, aber es ist nicht auszuschließen, dass es Spezialisten für den Wagenbau gab.

Anhand der archäologischen Funde ist zu erkennen, wieviel Zeit investiert und welcher Aufwand betrieben wurde, um die Wagenteile zu konservieren. Dies betrifft insbesondere die Räder, die oft in Moorgebieten versenkt wurden, um sie zu wässern und vor dem Schrumpfen zu bewahren, wenn der Wagen nicht in Gebrauch war. Es ist unwahrscheinlich, dass diese Fahrzeuge für weite Strecken oder zur Freizeitgestaltung genutzt wurden, sie werden vielmehr nur als Gebrauchsgegenstände gedient haben. Die Benutzung eines Fahrzeugs in der Jungsteinzeit war alles andere als alltäglich, sondern eher eine sehr bewusste Entscheidung, die schweren Scheibenräder zu befestigen, die Ochsen aufzuzäumen und bei Bedarf auf Reparaturen an den Rädern vorbereitet zu sein.

In Gräbern der späten Bronzezeit in Süddeutschland wurden Streitwagen gefunden; sie stammen aus einer Zeit, als das Speichenrad die Scheibenräder längst abgelöst hatte und die Ochsen

← Abb. 3. Bahnhof als Knotenpunkt (Foto: Sarah Bockmeyer).

durch Pferde ersetzt worden waren. Es ist jedoch unklar, ob die Streitwagen auch benutzt wurden oder nur Prestigeobjekte waren.

In der Zeit des Römischen Reiches ermöglichte das ausgedehnte Straßennetz die Überwindung größerer Entfernungen bei höherer Geschwindigkeit und verband so die verschiedenen Gebiete des Reiches. Dies zeigt, dass der Transport auf Rädern immer üblicher wurde, auch wenn sich die Forschung bisher eher auf Streitwagen als auf Alltagsfahrzeuge konzentriert hat.

In der heutigen schnelllebigen Welt wäre ein Leben ohne Transportmittel auf Rädern nicht mehr denkbar. Wir werden an unsere Räder erinnert, wenn wir einen platten Reifen an unserem Fahrrad haben, von Winter- auf Sommerreifen wechseln müssen usw. Wir sind auch auf eine ganz andere Weise miteinander verbunden. Wir können heute problemlos in Frankreich, Kroatien oder Dänemark Urlaub machen, wobei die Reise mit dem Auto nicht viel länger als ein oder zwei Tage dauert und wir mit dem Flugzeug noch schneller am Ziel sind. Die Welt ist durch Autos, Züge und Flugzeuge und die damit verbundene Geschwindigkeit zusammengewachsen.

Die Zweifel, die Kaiser Wilhelm gegen das Auto hegte, scheinen im Rückblick unangebracht, doch seine Erfindung Ende des 19. Jahrhunderts und die Weiterentwicklung in den Jahren danach waren nicht zuletzt deshalb möglich, weil die Welt für diese Erfindung bereit war. Durch die Ausdehnung des britischen Empire, die Kolonien verschiedener europäischer Staaten und die Westexpansion in den Vereinigten Staaten war die Welt noch größer geworden als zu Zeiten des Römischen Reiches, und es bedurfte neuer und schnellerer Transportmittel, um sie zu erreichen. Bis zur Entwicklung des Autos war „die Geschwindigkeit […] durch die Fähigkeiten des Pferdes begrenzt, dessen Höchstgeschwindigkeit nicht viel mehr als dreißig Meilen pro Stunde beträgt" (A. Huxley, zitiert nach E. Duffy 2009, 17; von den Autor*innen übersetzt). Wenn man zurückdenkt, war dies bis zur Entwicklung des Autos, von der Zeit der Domestizierung des Pferdes in der Bronzezeit bis zum Beginn des 20. Jahrhunderts, die höchste Geschwindigkeit, die ein Mensch erreichen konnte.

Unsere heutigen Gewohnheiten, sich mit dem Fahrrad, dem Auto, dem Zug und sogar dem Flugzeug fortzubewegen, lassen sich unmöglich auf die Erfindung des Rades in der Jungsteinzeit um 3500 v. u. Z. zurückführen. Man könnte vielleicht behaupten, dass der Grundstein für die für die Deutschen fast schon sprichwörtliche Sorgfalt bei der Pflege ihres Autos bereits in prähistorischer Zeit gelegt wurde, wenn man an das aufwändige Wässern der Räder im Neolithikum denkt. Aber das wäre sehr weit hergeholt. Es ist jedoch etwas, das uns mit den Menschen der Vergangenheit verbindet. Und ohne die Entwicklung von Fortbewegungsmitteln auf Rädern, aus welchen Gründen auch immer, wäre die Pferdekutsche im Mittelalter ebenso wenig möglich gewesen wie der Bau der ersten Züge oder Autos oder gar Flugzeuge.

Heute benutzen wir gewohnheitsmäßig Fahrzeuge auf Rädern, um zur Arbeit oder an andere Orte zu gelangen, ohne an die sorgfältige Wartung zu denken, die diese Fahrzeuge in der Vergangenheit benötigten, oder an die Anstrengungen, die die prähistorischen Menschen unternehmen mussten, um sich tatsächlich auf Rädern fortzubewegen. ◆

Stefania Fiori, Laurenz Hillmann, Gianluca Ricci

Ende im Gelände – Orientierung in Vergangenheit und Gegenwart

Wenn wir heutzutage an einen neuen Ort reisen, ist unsere erste Reaktion bei der Ankunft meistens, unser Handy aus der Tasche zu holen und Google Maps zu checken. Die Entwicklung solcher Systeme hat uns die Bewegung an einem neuen Ort erleichtert, indem sie die „alte" Gewohnheit ersetzt hat, sich umzusehen, um den Weg zu finden. Google Maps und der Zugang zu Wi-Fi-Verbindungen bieten eine schnelle und einfache Lösung, so dass wir uns nicht mehr darum kümmern müssen, uns in einer neuen Umgebung zurechtzufinden.

Diese Anpassungsfähigkeit bei der Navigation wird durch das *Global Positioning System* (GPS) ermöglicht, ein technisches Wunderwerk, das zu den bedeutendsten Fortschritten in der Geschichte der Menschheit zählt. Das System hat seine Wurzeln in den frühen 1960er Jahren, als das US-Verteidigungsministerium ein satellitengestütztes Navigationssystem für militärische Zwecke konzipierte. Erst in den 1980er Jahren erlaubte die US-Regierung den öffentlichen Zugang, was zu einem Anstieg der zivilen Anwendungen wie Navigation und Kartierung führte.

In der heutigen Welt sind fortschrittliche GPS-Systeme dank ihrer Verfügbarkeit auf jedem Smartphone und ihrer benutzerfreundlichen Schnittstellen universell geworden. Diese Geräte arbeiten in einem ausgeklügelten Netz aus Satelliten, Bodenstationen, Kontrollnetzen, elektronischen Empfängern und Kommunikationsprotokollen und liefern hochpräzise Positionsdaten mit drei Koordinaten bis auf wenige Meter genau auf der Erdoberfläche. Diese Technologie hat die Fortbewegung vereinfacht, denn sie macht menschliche Hilfe überflüssig. Ihre weite Verbreitung, insbesondere bei der jüngeren Generation, unterstreicht ihre positiven Auswirkungen und den damit verbundenen Komfort. Diese Bequemlichkeit führt jedoch zu Problemen, wenn man sich in einer Situation befindet, in der sich das Telefon ausschaltet, der Akku leer ist oder die Verbindung unterbrochen wird. Die Abhängigkeit von der modernen Technologie, die die Schwierigkeiten der eigenständigen Orientierung beseitigt, hat zu einem Verlust der Orientierungsgewohnheit geführt.

Wenn man sich zu sehr auf das GPS verlässt, sinkt mit der Zeit die Motivation der Menschen, sich an die Räume um sie herum zu erinnern und etwas darüber zu lernen, und es fällt ihnen schwerer, genaue mentale Karten zu erstellen. Diese mentalen Karten sind so etwas wie die inneren Entwürfe unseres Gehirns, die uns helfen, zu wissen, wo wir sind, wie wir dorthin gelangt sind und wohin wir wollen. Sie werden aus unseren Erinnerungen und Erfahrungen erstellt, geben uns eine Richtung vor und leiten uns, wenn wir uns in der Welt bewegen. Genau wie eine Landkarte auf Papier helfen uns diese mentalen Karten, uns ein Bild von unserer Umgebung zu machen und unsere Reisen zu planen, egal ob wir einen neuen Ort erkunden oder den Weg nach Hause finden wollen. Im täglichen Leben sind Karten sehr wichtig, um die Welt um uns herum zu verstehen. Die GPS-Technologie ermöglicht eine Orientierung, die sich ganz auf die Fähigkeit des Geräts stützt, Position und Bewegung darzustellen und die Fahrtrichtung anzugeben.

Dies wirft eine grundlegende Frage auf: Wie haben sich die Menschen ohne die Hilfe moderner Technik oder Karten zurechtgefunden? Wenn wir uns mit prähistorischen Zeiten befassen, in denen es weder Bücher noch Karten gab, wird deutlich, dass ein bestimmtes Wissen für die räumliche Navigation unerlässlich war. Auch wenn es aus dieser Zeit keine direkten Belege für die Beantwortung dieser Frage gibt, können wir zeitgenössische, nicht-technologische Gesellschaften untersuchen, um Einblicke in die Verfahren zu erhalten, die in der Vergangenheit zur Orientierung verwendet wurden. Um die Komplexität der Bildung von Orientierungsgewohnheiten zu entschlüsseln, werden wir die Praktiken von Völkern wie den Inuit (Region Igloolik, Kanada), den Aborigines (Australien) und den Tuareg (Libysche Sahara, Afrika) vorstellen.

Die von den Inuit und den Tuareg genutzten Verfahren bieten interessante Einblicke in die Art und Weise, wie verschiedene Kulturen mit ihrer Umgebung interagieren, um sich zurechtzufinden. Nicht-technologische Gesellschaften zeigen außergewöhnliche Fähigkeiten, um herauszufinden, wo sie sich befinden, indem sie beispielsweise Erinnerungen und gemeinsame Geschichten nutzen. Indigene Gemeinschaften verfügen über besondere Kenntnisse, um sich in ihrer Heimat zu bewegen. Dieses Wissen hilft ihnen in vielen Situationen, z. B. beim Handel, bei der Beschaffung von Ressourcen, bei der Suche nach Nahrung in verschiedenen Jahreszeiten, bei der Begegnung mit anderen und bei der Suche nach guten Wasserquellen.

Aborigine-Gemeinschaften in Australien haben eine einzigartige Tradition entwickelt, die als *Songlines* bekannt ist. Eine *Songline* ist ein kulturelles Konzept und ein Leitfaden für die Navigation. Sie stellt einen traditionellen Pfad dar, der wichtige Orientierungspunkte und Orte miteinander verbindet und in der Regel den Weg der Schöpferwesen während des *Traums* nachzeichnet – einer traditionellen Periode in der Kosmologie der Aborigines, die die Entstehung der Welt und ihrer Merkmale bezeugt. Diese *Songlines* werden über Generationen weitergegeben und finden ihren Ausdruck in Liedern, Tänzen und Geschichten. Sie beinhalten die Schaffung und Weitergabe von kulturellem und geografischem Wissen durch mündliche Überlieferungen, die Verknüpfung bestimmter Orte mit kulturellen Erzählungen und dienen als Wegweiser für die Navigation durch das Land, indem sie die Bedeutung von Landmarken, Felsformationen, Wasserlöchern, Flüssen, Bäumen, des Himmels und der Meere in detaillierten Erzählungen erläutern. Diese mündlich überlieferten Karten bieten umfassende Informationen über die Bedeutung der verschiedenen Umweltmerkmale. Sie dienen den Gemeinschaften als Methode, um sich in der Landschaft zurechtzufinden und sie zu verstehen, und sind ein Mittel zur Bewahrung des kulturellen Wissens.

» Nicht-technologische Gesellschaften zeigen außergewöhnliche Fähigkeiten, um herauszufinden, wo sie sich befinden, indem sie beispielsweise Erinnerungen und gemeinsame Geschichten nutzen. «

» Moderne, nicht-technologische Gemeinschaften dienen als überzeugende Beispiele, die Aufschluss darüber geben, wie prähistorische Gesellschaften sich in ihrer Umwelt orientiert und bewegt haben könnten. «

In der kanadischen Arktis, in der Region Igloolik, haben die Inuit außergewöhnliche Fähigkeiten zur Landorientierung entwickelt. Ihre Orientierungsgewohnheiten beruhen auf einem tiefgreifenden Verständnis verschiedener Umweltfaktoren wie Windverhalten, Schneeverwehungsmustern, Tierverhalten, Gezeitenzyklen, Strömungen und astronomischen Phänomenen. Die Wegfindung der Inuit erfordert jahrelange Anleitung und Erfahrung. Die Reisenden verlassen sich auf ihren Instinkt, der sie zu ihrem Ziel führt, und passen ihre Bewegungen an, während sie ihre Umgebung kontinuierlich beobachten und bewerten. Die Inuit orientieren sich in erster Linie mündlich, wobei sie sich auf sichtbare Orientierungspunkte am Horizont und die Nutzung von Windpeilungen verlassen, um bestimmte Orte zu lokalisieren. Dieses komplizierte Wegfindungssystem spiegelt nicht nur die tiefe Verbundenheit der Inuit mit ihrer Umwelt wider, sondern unterstreicht auch die Bedeutung des kulturellen Wissens für ihr Überleben. Diese seit Generationen mündlich überlieferte Tradition wird zu einer Quelle der Weisheit, die es dem Einzelnen ermöglicht, die weite arktische Landschaft mit Präzision und Zuversicht zu durchqueren. Das Vertrauen in beobachtbare natürliche Anhaltspunkte und die Orientierung anhand der Sterne zeigen eine harmonische Beziehung zwischen den Inuit und dem arktischen Terrain, in dem jedes Element als wertvolle Markierung auf ihrer Navigationsreise dient.

Ein ähnliches Beispiel stammt von den Tuareg, einem nomadischen Berbervolk, das hauptsächlich in der Sahara in Libyen lebt. Die Tuareg, die traditionell verschiedene Methoden zur Orientierung in der Wüste anwenden, zeichnen sich durch eine enge Verbindung zur natürlichen Umwelt und ein tiefes Verständnis des Ökosystems Wüste aus. Die Orientierung wird häufig mit physischen geografischen Merkmalen wie Flussbetten, Sanddünen, Hügeln und einzelnen Bäumen in der Landschaft in Verbindung gebracht.

Die gläubigen muslimischen Tuareg orientieren sich nach Mekka, das sie fünfmal am Tag beim Beten anvisieren. Die Himmelsrichtungen sind eng mit der betenden Person verknüpft, wobei der Osten als *el-kablet* bezeichnet wird, was „die Richtung nach Mekka" bedeutet. Der Westen wird als *defter akal*, „das Land dahinter", definiert, während Norden und Süden gleichermaßen in Bezug auf die Person definiert werden, die in die heilige östliche Richtung blickt.

Diese Beispiele unterstreichen den Reichtum und die Vielfalt menschlicher Strategien zur Navigation und Orientierung in ihrer jeweiligen Umgebung. Sie veranschaulichen, wie kulturelle Narrative und Umweltfaktoren zur Entwicklung unterschiedlicher Praktiken des Raumverständnisses in verschiedenen Gesellschaften beitragen. Angesichts der beträchtlichen geografischen Entfernung zwischen diesen drei nicht-technologischen Gemeinschaften ist es bemerkenswert, dass sie gemeinsame Elemente in ihren Orientierungsgewohnheiten haben, einschließlich der Nutzung von mündlich überlieferter Erinnerung und Erfahrungswissen.

Moderne, nicht-technologische Gemeinschaften dienen als überzeugende Beispiele, die Aufschluss darüber geben, wie prähistorische Gesellschaften sich in ihrer Umwelt orientiert und bewegt haben könnten. Diese zeitgenössischen Gemeinschaften, die oft in Kontakt mit der Natur und ohne fortschrittliche technische Hilfsmittel leben, belegen, dass traditionelle Methoden auch heute noch wirksam sind. Das Vertrauen in natürliche Orientierungspunkte, die Sterne, Windmuster und mündliche Überlieferungen, das in diesen modernen Gruppen zu beobachten ist, spiegelt eine Kontinuität von Praktiken wider, die sich bis in prähistorische Zeiten zurückverfolgen lassen. Da ihre Verwendung eng mit den angeborenen Aspekten unseres Gehirns verbunden ist, wurden dieselben Merkmale auch in prähistorischen Gesellschaften zur Orientierung eingesetzt.

Die Fähigkeit, sich zu orientieren, steht in engem Zusammenhang mit der Entwicklung der kognitiven Fähigkeiten des menschlichen Gehirns, die eine entscheidende Rolle bei der Sicherung des Überlebens spielten. Die kognitiven Fähigkeiten, die Problemlösung, Gedächtnis, räumliches Denken und soziale Intelligenz umfassen, verschafften unseren Vorfahren Anpassungsvorteile, indem sie ihnen halfen, sich in ihrer Umgebung zurechtzufinden, Nahrung zu sichern, Bedrohungen zu vermeiden und soziale Beziehungen aufzubauen. Im Laufe der Zeit hat die Evolution das menschliche Verhalten, die Sprache und die Kultur bereichert und die einzigartigen kognitiven Fähigkeiten geformt, die unsere Spezies ausmachen. Die Orientierungsleistung des Gehirns ist ein dynamischer Prozess, der sich aufgrund von Erfahrungen und Umweltreizen ständig anpasst und weiterentwickelt.

Die Untersuchung moderner, nicht-technologischer Gemeinschaften bietet einen wertvollen Einblick in die Vergangenheit und gibt Aufschluss darüber, wie unsere Vorfahren sich in ihrer Umgebung zurechtgefunden haben könnten. Gewohnheiten, d. h. routinemäßig auftretende, unbewusste Verhaltensweisen, werden in der Regel durch Wiederholung und Verstärkung eingeprägt. Durch wiederholte Erfahrungen und alltägliche Anwendung des Gelernten entwickeln Individuen eine gewohnheitsmäßige Orientierung, die Bewegungen durch geografische Räume, das Erkennen von Orientierungspunkten und das Abschätzen von Entfernungen einschließt. Dieser Prozess führt zu einer Verstärkung der mit diesen Aktivitäten verbundenen neuronalen Bahnen. Durch wiederholte Begegnungen verknüpft das Gehirn spezifische Hinweise aus der Umgebung mit Richtungen und Orten und befähigt den Einzelnen, sich effizient und sicher in Räumen zu bewegen. Die Erforschung heutiger nicht-technologischer Gemeinschaften bietet wiederum eine einzigartige Perspektive auf die Vergangenheit, indem sie Parallelen zur und Einblicke in die Art und Weise aufzeigt, wie unsere Vorfahren ihre Umwelt erfassten und sich in ihr bewegten. Die gewonnenen Erkenntnisse tragen wesentlich zu einem besseren Verständnis der menschlichen Geschichte und der Entwicklung der räumlichen Orientierungsfähigkeit bei. ◆

» Da ihre Verwendung eng mit den angeborenen Aspekten unseres Gehirns verbunden ist, wurden dieselben Merkmale auch in prähistorischen Gesellschaften zur Orientierung eingesetzt. «

↑ Abb. 1. Blick vom Philopappos-Hügel auf die Athener Akropolis (Quelle: Wikimedia Commons; Foto: Christophe Meneboeuf, 2011; https://commons.wikimedia.org/wiki/File:View_of_the_Acropolis_Athens_(pixinn.net).jpg; CC BY-SA 3.0; https://creativecommons.org/licenses/by-sa/3.0/; bearbeitet).

Gianluca Ricci, Fiona Walker-Friedrichs, Darja Jonjić

Alte Gewohnheiten, neue Gesetze? Ein Blick in die Antike

Die Entwicklung von Rechtssystemen ist eine komplexe Reise durch die Geschichte der Menschheit. Das antike Griechenland ist dabei ein besonders gutes Beispiel für eine Gesellschaft, in der allgemeine Gewohnheiten de facto als Gesetze fungierten. Wir werden in diesem Artikel den Übergang von informellen Normen zu kodifizierten Rechtssystemen untersuchen und dabei einen Fokus auf das antike Griechenland legen.

Historischer Hintergrund

Um die Verbindung von Gewohnheiten und deren Funktion als informelle Gesetze im antiken Griechenland zu verstehen, ist es wichtig, den historischen Kontext zu kennen. Die griechische Welt bestand aus Stadtstaaten, wie z. B. Athen, Sparta und Korinth, mit jeweils eigenen und unterschiedlichen Regierungs- und Gesellschaftsstrukturen. Besonders während der archaischen Periode (ca. 800-500 v. u. Z.) war das Fehlen zentraler Rechtsordnungen ein charakteristisches Merkmal der griechischen Welt. Im Mittelpunkt dieses Beitrags steht die Frage, wie die Bevölkerung des antiken Griechenlands die Ordnung ohne formale Rechtsdokumente, nämlich durch gemeinsame Gewohnheiten und ungeschriebene Regeln, aufrechterhielten: Das Konzept der *nómoi* (Normen) war zwar nicht kodifiziert, hatte aber einen großen Einfluss auf das tägliche Leben der Bürger*innen. In der Gesellschaft der griechischen Welt bestimmten Normen alles, von familiären Beziehungen bis hin zu Handelspraktiken. Um die Anwendung gemeinsamer Gewohnheiten als Gesetze zu veranschaulichen, wollen wir einen Blick auf spezifische Beispiele aus verschiedenen Stadtstaaten werfen.

In Athen, der Geburtsstätte der Demokratie, war die Verflechtung demokratischer Grundsätze und ungeschriebener Gesetze deutlich: Die *ekklesía*, d. h. die Versammlung der Bürger, beteiligte sich nicht nur am Gesetzgebungsprozess, sondern hielt auch gesellschaftliche Normen durch öffentliche Diskurse aufrecht. Die Geschworenengerichte, ein Meilenstein der athenischen Justiz, stützten sich häufig auf das Verständnis der Geschworenen für die Erwartungen der Gemeinschaft, was den Einfluss ungeschriebener Normen auf den Rechtsbereich widerspiegelt.

Im Gegensatz dazu legte die militaristische Gesellschaft Spartas den Schwerpunkt auf Disziplin und Einigkeit. Ungeschriebene Normen waren in Sparta stark in die rigorose Ausbildung junger Spartaner eingebunden: Die *Aghoghé*, das staatlich geförderte Bildungssystem, vermittelte ein Gefühl von Pflicht, Loyalität und Einhaltung gemeinschaftlicher Normen. Strafen für Abweichungen von diesen Normen wurden nicht immer explizit definiert, wurden jedoch durch gemeinsame Erwartungen innerhalb der Gemeinschaft geregelt. Neben Athen und Sparta zeigten auch andere Stadtstaaten eine Vielzahl an Ansätzen zu informellen Gesetzen: In Korinth, das für seine wirtschaftliche Bedeutung bekannt war, entstanden handelsbezogene Normen, die wirtschaftliche Transaktionen regelten. Um Streit zu vermeiden, könnten sich Händler*innen beispielsweise auf eine einheitliche Maßeinheit für Getreide, Olivenöl, Wein und andere Güter geeinigt haben. Dies hätte die Streitigkeiten über die Menge der ausgetauschten Waren minimiert. Die Konvergenz ungeschriebener Normen zwischen den Stadtstaaten zeigte sich auch in religiösen Praktiken, wo bestimmte Rituale und Zeremonien gemeinsam durchgeführt wurden und so ein Gefühl des kulturellen Zusammenhalts schufen.

Vergleich antiker griechischer und persischer Gewohnheiten: Ethnisch-kulturelle Differenzierung

Während das antike Griechenland seinen Rechtsrahmen auf der Grundlage gemeinsamer Gewohnheiten und ungeschriebener Normen entwickelte, sollte man auch berücksichtigen, dass andere zeitgenössische Gesellschaften, wie beispielsweise das persische Reich, andere Ansätze für gesellschaftliche Normen und Rechtsgrundsätze hatten. Die Rechtspraktiken im achämenidischen Perserreich, das für sein großes Territorium, welches vom Tal des Indus bis zum Balkan reichte, und für seine kulturelle Vielfalt bekannt ist, stellen einen starken Kontrast zu den griechischen Praktiken dar. Im Gegensatz zu den zersplitterten Stadtstaaten Griechenlands führte das Perserreich unter Herrschern wie Kyros dem Großen und Darius I. ein zentralisiertes imperiales Regierungssystem ein. Diese Zentralisierung hatte tiefgreifende Auswirkungen auf gesellschaftliche Gewohnheiten und rechtliche Strukturen: Die persischen Gewohnheiten und Gesetze wurden vom expansiven Einfluss des Reiches geprägt und förderten ein Gefühl der Einheit unter der Zentralgewalt.

Die persischen Könige erließen Edikte, die im gesamten Reich Gültigkeit besaßen. Diese Edikte veranschaulichten die Macht der Zentralgewalt, Rechtsnormen zu etablieren. Die in einem Königreich übliche Gewohnheit, königliche Befehle zu empfangen und zu befolgen, wurde zu einem prägenden Merkmal, welches die verschiedenen Kulturen innerhalb des Perserreichs vereinen sollte. Die unterschiedlichen Ansätze der griechischen und persischen Systeme hinsichtlich Regierungsführung und Rechtssystemen trugen zur ethno-kulturellen Differenzierung bei: Die Griech*innen förderten durch die Betonung der Autonomie der Stadtstaaten und der vielfältigen bürgerlichen Identitäten eine von lokalen Gewohnheiten geprägte Rechtslandschaft. Im Gegensatz dazu führten der expansive Einfluss und die imperiale Struktur des persischen Reiches zu einem rechtlichen Rahmen, der stärker von königlichen Erlassen und der Zentralgewalt beeinflusst wurde.

In den griechischen Stadtstaaten waren die Gewohnheiten tief in der lokalen Selbstbestimmung verwurzelt: Jeder Stadtstaat hatte seine eigenen Traditionen, Gesetze und Regierungsstrukturen, wie für Athen und Sparta beschrieben. Die Gewohnheiten, die sich in den einzelnen Stadtstaaten herausbildeten, trugen zu einer reichen Vielfalt bei und ermöglichten das Experimentieren mit verschiedenen Regierungsformen.

Herausforderungen und Beschränkungen

In Athen stellten die Rechtsreformen des Staatsmannes Solon im 6. Jahrhundert v. u. Z. einen entscheidenden Wandel dar. Solon erkannte den Bedarf an klareren Regelungen und führte schriftliche Gesetze ein, die sich unter anderem mit Themen wie Schuldsklaverei oder Erbstreitigkeiten befassten. Diese Reformen versuchten, ein Gleichgewicht zwischen der Bewahrung traditioneller Werte und der Anpassung an die sich wandelnden Bedürfnisse der Gesellschaft herzustellen. In Sparta soll der legendäre Lykurg für die Gestaltung des dortigen Rechtssystems verantwortlich gewesen sein (ca. 650-550 v. u. Z.). Obwohl die Historizität von Lykurg

← Abb. 2. Griechische Krieger stürmen auf die persische Armee ein. Buchillustration von W. Crane (Macgregor o. J., 137 Abb. o. Nr.; Quelle: Wikimedia Commons; https://en.m.wikipedia.org/wiki/File:They_crashed_into_Persian_army_with_tremendous_force.jpg; gemeinfrei).

umstritten ist, ist der Einfluss eines kodifizierten Rechtsrahmens auf die spartanische Gesellschaft offensichtlich: Die *Große Rhetra*, eine Lykurg zugeschriebene Gesetzessammlung, zielte darauf ab, durch einen Rechtskodex sozialen Frieden herzustellen.

Auch wenn gemeinsame Gewohnheiten als funktionaler Rechtsrahmen in Griechenland dienten, gab es weiterhin Herausforderungen und Probleme. Im Abschnitt über die ethnisch-kulturelle Differenzierung wurde bereits gezeigt, wie unterschiedliche gesellschaftliche Strukturen die Rechtspraxis beeinflussten und welche Herausforderungen sich daraus ergaben, wenn es darum ging, die verschiedenen Ansätze im breiteren hellenischen und persischen Kontext miteinander vereinbar zu machen. Mit der fortschreitenden Entwicklung der griechischen Gesellschaft wurde der Bedarf an besser definierten Rechtsstrukturen deutlich, denn der Peloponnesische Krieg (431-404 v. u. Z.) und andere geopolitische Ereignisse führten zu Überlegungen über die Grenzen der alleinigen Verwendung ungeschriebener Normen. Dies trug zur Etablierung formaler, niedergeschriebener Rechtssysteme bei.

Schlussfolgerung

In Zusammenfassend lässt sich sagen, dass das antike Griechenland eine faszinierende Fallstudie darüber liefert, wie gemeinsame Gewohnheiten als *De-facto*-Gesetze fungierten. Das Fehlen eines zentralisierten Gesetzeskodex förderte ein System, das sich auf gemeinsame Normen stützte, die alle Aspekte des Lebens durchdrangen, von Familienstrukturen bis hin zu Handelspraktiken.

Das Vertrauen in die Gewohnheiten hatte jedoch Grenzen. Der Aufstieg kodifizierter Rechtssysteme in Athen unter Solon und in Sparta unter Lykurg spiegelt den Bedarf an besser definierten Strukturen wider, als die Gesellschaften komplexer wurden. Darüber hinaus verdeutlichen die im Vergleich zum zentralisierten, auf königlichen Dekreten basierenden Rechtssystem des persischen Reiches gegensätzlichen Ansätze die ethnisch-kulturelle Differenzierung der Rechtspraxis in der Region.

Das Verständnis der Entwicklung von informellen Normen zu formellen Rechtskodizes im antiken Griechenland ermöglicht zugleich einen wertvollen Vergleich mit der Entwicklung von Rechtssystemen unter verschiedenen politischen Regimen. Die griechische Erfahrung erinnert an die Macht gemeinsamer Gewohnheiten und an die anhaltende Spannung zwischen Tradition und der Notwendigkeit von Anpassungen, wenn sich Gesellschaften weiterentwickeln. ◆

↑ Abb. 1. Einer der Amarna-Briefe (EA 19), der die Verhandlungen zwischen zwei Herrschenden dokumentiert; ca. 1350 v. u. Z. British Museum, London, Inv.-Nr. 29791 (Quelle: Wikimedia Commons; Foto: User CaptMondo; https://commons.wikimedia.org/wiki/File:AmarnaLetterOfMarriageNegotiation-BritishMuseum-August19-08.jpg; CC BY-SA 3.0; https://creativecommons.org/licenses/by-sa/3.0/; bearbeitet).

Anna-Theres Andersen, Darja Jonjić, Sara Mura

Wert statt Schwert – Zum Austausch diplomatischer Geschenke

Einführung

Es gibt einige Situationen in unserem täglichen Leben, die beschäftigen uns tage- oder sogar wochenlang. Eine dieser epischen Herausforderungen? Die Suche nach dem absolut perfekten Geschenk. Wir alle haben es erlebt: Stundenlang durchstöbern wir die endlosen Regale der Geschäfte, nur um am Ende mit einem selbstgemachten Gutschein dazustehen. Aber hast du schon einmal darüber nachgedacht, ob das Überreichen von Geschenken lediglich eine Gewohnheit ist oder eine tiefere Bedeutung dahintersteckt?

Während es in unseren sozialen Medien von *tags* wie *#gifting habits* (zu Deutsch etwa: „Geschenkgewohnheiten") wimmelt, lohnt sich zu bedenken, dass „Geschenke" und „Gewohnheiten" nicht unbedingt zusammenpassen. Insbesondere wenn es um die Auswahl angemessener Geschenke in bestimmten zwischenmenschlichen Situationen geht, sollte zwischen „Gewohnheiten" und „Ritualen" unterschieden werden. Der diplomatische Austausch von Geschenken, bei dem politische Vertreter*innen einander ausgewählte Geschenke überreichen und dabei eine strikte Verhaltensetikette beachten, verdeutlicht diese Unterscheidung und betont die ritualisierte Natur dieses Austauschs. Wie in diesem Booklet definiert, verweisen „Gewohnheiten" auf wiederholbare Abfolgen von Handlungen, die meist *unbewusst* Teil unserer täglichen Routine sind. Doch wie wir bereits festgestellt haben, sind wir meist über einen längeren Zeitraum *ganz bewusst* damit beschäftigt, passende Geschenke zu finden: Ein Gutschein? Langweilig. Eine selbstgetöpferte Tasse? Ohne Handfertigkeit zum Scheitern verurteilt. Diplomatische Geschenke werden heutzutage ähnlich bewusst und – aufgrund ihres signifikanten symbolischen Wertes – strategisch ausgewählt und qualifizieren sich folglich nur als Teil eines Rituals.

Diese Rituale des Schenkens drehen sich jedoch nicht einfach nur um das Geben und Empfangen schöner Geschenke, sondern sind in jahrhundertealten Geflechten politischer und kultureller Implikationen verwurzelt, wie die soziologischen

» Diese Rituale des Schenkens drehen sich jedoch nicht einfach nur um das Geben und Empfangen schöner Geschenke, sondern sind in jahrhundertealten Geflechten politischer und kultureller Implikationen verwurzelt, wie die soziologischen Studien von Marcel Mauss zeigten. «

Studien von Marcel Mauss (1923/24 [2019]) zeigten. Durch die Untersuchung der Verbindung zwischen Vergangenheit und Gegenwart können wir Gemeinsamkeiten und Unterschiede im Praktizieren dieses Rituals aufdecken.

Der diplomatische Austausch von Geschenken erforderte damals wie heute maximale Aufmerksamkeit, da die Handlungen von Politiker*innen direkte Auswirkungen auf die internationale Wahrnehmung hatten. Die Macht der Symbolik war zentral: Ein sorgfältig ausgewähltes Geschenk für den anderen Herrscher konnte die Verbindung zwischen den politischen Akteuren stärken, während ein unangemessenes Geschenk politische Spannungen befeuern konnte. Politiker*innen mussten damals wie heute ihre eigenen politischen Interessen wahren, ohne die Beziehung zu gefährden. Dieser Balanceakt ist der Kern von politischen Treffen und Verhandlungen. Durch die sozio-politische Etikette des Geschenkaustauschs und die Wahl der Geschenke kann dieser Balanceakt gezielt zugunsten einer bestimmten Richtung beeinflusst werden. In diesem Beitrag untersuchen wir die Geschichte des Geschenkaustauschs, insbesondere im diplomatischen Kontext, um festzustellen, wie sich im Laufe der Jahrhunderte nicht nur die Geschenke selbst, sondern auch ihre Bedeutung verändert hat. Fangen wir mit einem Beispiel an, bei dem die Geschenke so groß und prunkvoll waren, dass sie sogar den „Elefanten im Raum" überschatteten – im wahrsten Sinne des Wortes!

Berühmte Geschenke durch die Jahrhunderte

Die wohl berühmtesten Schriftquellen, die sogenannten Amarna-Briefe, stammen aus dem heutigen Ägypten und sind mehr als 3300 Jahre alt; sie bieten wertvolle Einblicke in die zeitgenössische Dynamik diplomatischer Beziehungen (siehe Abb. 1). In diesen Briefen äußerten Könige offen ihre Vorlieben für wertvolle Geschenke von ihren Gegenübern und beschrieben die gewünschte Menge und Qualität, die von prächtigen Möbeln und kunstvoll gefertigten Streitwagen bis hin zu großen Mengen Gold und kostbarem Elfenbein reichte. Elfenbein war ein äußerst begehrtes Rohmaterial, das bereits Jahrhunderte vor der Gründung des Römischen Reiches an Könige und Eliten verschiedenster Reiche verschenkt wurde. Neuesten wissenschaftlichen Erkenntnissen zufolge konnte der Ursprung von in der südlichen Levante gefundenem, 3000 Jahre altem Elfenbein mithilfe von Isotopenanalysen auf das Gebiet des heutigen Sudan eingegrenzt werden. Sein lukratives Monopol im Elfenbeinhandel könnte somit den raschen wirtschaftlichen und politischen Aufstieg des nubischen Königshauses erklären: Dies unterstreicht die positive Korrelation zwischen politischer Macht und wirtschaftlichem Reichtum. Darüber hinaus verdeutlicht dieses Beispiel die herausragende Rolle von Elfenbein und seine zentrale Bedeutung im diplomatischen Austausch bereits vor 3000 Jahren.

Apropos Elfenbein: Historische Schriftquellen belegen auch, dass nicht nur das Rohmaterial des Elefanten, sondern auch das Tier selbst im frühen Mittelalter verschenkt wurde. Vielleicht hast du schon einmal von dem im englischen Sprachraum geläufigen Terminus „White Elephant" gehört, der etwas sehr Teures, aber praktisch nutzloses bezeichnet. Dieser Begriff bezieht sich angeblich auf ein diplomatisches Geschenk, das Karl der Große vom Kalifen Harun al-Raschid erhielt: einen weißen Elefanten namens Abul-Abaz (Abb. 2). Das Tier wurde um 800 u. Z. unter erheblichem logistischem Aufwand von Bagdad nach Aachen gebracht. Als der Elefant schließlich vor den Augen der Öffentlichkeit an Karl übergeben wurde, war die Begeisterung für dieses majestätische Tier so groß, dass mehrere schriftliche Quellen über dieses besondere Geschenk berichteten. Abul-Abaz symbolisiert also nicht nur königliche Macht, sondern auch die Wertschätzung und Großzügigkeit des Kalifen al-Raschid gegenüber Karl dem Großen.

Die Bedeutung eines Geschenks fällt jedoch nicht immer zugunsten der politischen Beziehung aus. Historische Chroniken von 494 bis 507 u. Z. dokumentieren eine Anfrage, die der oströmische König Theoderich von seinem politischen Rivalen

HAROUN AL RASCHID'S GIFTS.

↑ Abb. 2. Ein Symbol der politischen Beziehungen zwischen dem Kalifen Harun al-Raschid und dem fränkischen Kaiser: Die Ankunft des Elefanten Abul-Abaz am Hofe Karls des Großen (Zeichnung eines unbekannten Kunstschaffenden; aus: Yonge 1878, 71).

» Im Gegensatz zu den Praktiken aus der Vergangenheit sind im heutigen diplomatischen Geschenkaustausch opulente Luxusartikel und Exotika kaum noch anzutreffen. «

König Gundobad erhielt. Letzterer galt als ernsthafte Bedrohung für das oströmische Reich und bat um zwei technologische Innovationen seiner Zeit als Geschenk: eine Sonnenuhr und eine Wasseruhr. In den Chroniken ist vermerkt, dass Theoderich tatsächlich das Gesuch Gundobads erfüllte. Wie die Schriftquellen zeigen, verfolgte er mit dem teuren Geschenk das Ziel, die handwerklichen Fertigkeiten der Burgunder in ein schlechtes Licht zu rücken. Schließlich wussten die oströmischen Handwerker sehr wohl, wie die begehrten Uhren hergestellt wurden, und wollten ihre eigene Überlegenheit demonstrieren.

Im Gegensatz zu den Praktiken aus der Vergangenheit sind im heutigen diplomatischen Geschenkaustausch opulente Luxusartikel und Exotika kaum noch anzutreffen. Obwohl es nach wie vor üblich ist, ein Geschenk mitzubringen, wenn Politiker*innen im Ausland zu Besuch sind, gibt es bestimmte Regeln für den Wert des Geschenks. Moderne Richtlinien der australischen Regierung legen beispielsweise Grenzen für den monetären Wert von Geschenken zwischen 300 und 750 australischen Dollar fest. Ein bekanntes Beispiel für eine Geschenktradition, bei der der symbolische Wert höher ist als der materielle Wert, ist der Weihnachtsbaum, den die norwegische Hauptstadt Oslo seit 1947 jährlich an ihre britische Partnerstadt London verschenkt (siehe Abb. 3). Der Baum wird auf dem Trafalgar Square aufgestellt und gilt als Symbol der Freundschaft und Wertschätzung zwischen den Städten. Ursprünglich als Dank für die britische Unterstützung während der Besetzung Norwegens gedacht, markiert der Baum den Beginn der Feiertagssaison. Der monetäre Wert des Geschenkes steht nicht im Vordergrund, vielmehr entspricht der Weihnachtsbaum einem kulturell bedeutsamen Geschenk und steht symbolisch für die langanhaltende positive kulturelle Verbindung zwischen Norwegen und Großbritannien. Dabei können politische Geschenke auch eine persönliche Note haben: Im Jahr 2014 schenkte der australische Premierminister Tony Abbott dem amerikanischen Präsidenten Barack Obama, der schon damals für seine Liebe zum Wassersport bekannt war, ein Surfbrett. Dieses war maßgefertigt und mit den Flaggen beider Länder verziert. Diese modernen Beispiele verdeutlichen somit, dass diplomatische Geschenke heutzutage eher eine symbolische politisch-diplomatische Geste der Höflichkeit sind.

Zusammenfassung

Die vorgestellten Beispiele zeigen, dass sich der diplomatische Austausch von Geschenken sowohl in der Vergangenheit als auch in der heutigen Politik nachvollziehen lässt. Die Art der Geschenke hat sich jedoch etwas verändert: In der Vergangenheit waren exotische Luxusartikel und wertvolle Gegenstände beliebte Geschenke, um Großzügigkeit und den eigenen Reichtum zu demonstrieren. Heutzutage überwiegt beim diplomatischen Geschenkaustausch der symbolische Charakter eines Geschenkes gegenüber dem materiellen Wert. Dies zeigt, wie sich das diplomatische Geschenk im Laufe der Jahrhunderte von einer rein materiellen Geste zu einem Ausdruck der Freundschaft entwickelt hat. Zugleich wird ersichtlich, dass der Austausch diplomatischer Geschenke als eine Art *Negativ*beispiel für das Thema „Gewohnheiten" betrachtet werden kann: Da Geschenke *bewusst* ausgewählt und präsentiert werden, erfordert dieser politische Balanceakt Fingerspitzengefühl, um Missverständnisse zu

↑ Abb. 3. Eine seit 1947 jährlich zwischen den Städten Oslo und London stattfindende Geschenktradition: der berühmte Weihnachtsbaum auf dem Trafalgar Square in London (Quelle: Wikimedia Commons, Foto: Kathleen Conklin; https://commons.wikimedia.org/wiki/File:Trafalgar_Square_-_Tree_and_Natl_Gallery.jpg; CC BY 2.0; https://creativecommons.org/licenses/by/2.0/; bearbeitet).

vermeiden. Im Gegensatz dazu steht eine Gewohnheit für wiederholte Handlungen oder gar tägliche Routinen. Das sehr bewusste Vorgehen bei der Wahl und Übergabe eines diplomatischen Geschenks legt nahe, dass dieser Austausch stattdessen als rituelle Praxis betrachtet werden sollte. Auch im Alltag kann dies bei der Suche nach dem nächsten Geschenk eine Rolle spielen: Der monetäre Wert ist vielleicht weniger entscheidend als der Gedanke und die Sorgfalt, die in die Auswahl des Geschenkes investiert wurden. ◆

» In der Vergangenheit waren exotische Luxusartikel und wertvolle Gegenstände beliebte Geschenke, um Großzügigkeit und den eigenen Reichtum zu demonstrieren. «

Sara Mura, Stefania Fiori, Florian Schwake

Vom Habitus zur Gewohnheit – Zum Verständnis kulturell geprägten Verhaltens

Wie begrüßen wir uns? In Süditalien küsst man sich zweimal auf die Wangen. In den Niederlanden dreimal. In der Normandie und der Bretagne sogar viermal. In Deutschland ist man reservierter, manchmal reicht ein einfacher Händedruck (Abb. 1), bei engen Freund*innen kann es auch eine Umarmung sein. In Japan ist eine einfache Verbeugung ausreichend. Je nach kulturellem Hintergrund des Ortes, an dem wir leben, werden unterschiedliche Umgangsformen und Praktiken zu Standards für akzeptables Verhalten; durch mehrfache Wiederholung werden sie dann unbewusst zu einer Gewohnheit. Wenn wir ins Ausland reisen, müssen wir unser Verhalten möglicherweise anpassen, um besser mit der lokalen Bevölkerung und ihren Gewohnheiten interagieren zu können. Wenn wir bewusst diese uns fremden, anderen Verhaltensweisen respektieren und praktizieren, können sich gleichzeitig – unbewusst – unsere Gewohnheiten ändern.

↑ Abb. 1. Begrüßung mit Händedruck (Quelle: Wikimedia Commons; Foto: Rufino Uribe; https://en.wikipedia.org/wiki/Handshake#/media/File:Hermandad_-_friendship.jpg; CC BY-SA 2.0; https://creativecommons.org/licenses/by-sa/2.0/; bearbeitet).

Begrüßungen sind nur ein Beispiel für die unzähligen Handlungen, die wir im Laufe unseres Lebens durchführen. Jede Begegnung mit anderen Menschen und Kulturen trägt dazu bei, unser Verhalten zu formen und unsere Identität in gewissem Maße zu beeinflussen. In der Soziologie, der Lehre von der menschlichen Gesellschaft, werden diese erworbenen Eigenschaften und Verhaltensweisen durch das Konzept des *Habitus* definiert, ein Begriff, der von dem französischen Soziologen Pierre Bourdieu geprägt wurde. Im Mittelpunkt des Habitus steht die Vorstellung, dass ein Individuum von seinem sozialen und physischen Umfeld geprägt wird. Unsere Einstellungen, unser Auftreten und unser Lebensstil werden unter anderem durch soziale Erfahrungen und Interaktionen in bestimmten kulturellen Kontexten beeinflusst. Von der Art und Weise, wie wir andere begrüßen, über die Sprache, die wir verwenden, bis hin zu unserem Umgang mit sozialen Hierarchien – diese Verhaltensweisen sind nicht angeboren, sondern werden im Laufe unseres Lebens durch die verschiedenen Einflüsse in Herkunftsland, Region, Stadt, Familie oder sozialen Kreisen erlernt (Abb. 2). Einmal verinnerlicht, werden diese zu einer Art Brille, durch die wir die Welt wahrnehmen und bewerten. Sie prägen, wie wir – meist unbewusst – mit anderen in Kontakt treten und interagieren. Dieser fortlaufende Prozess führt zu unbewusstem Handeln und somit zu dem, was wir als Gewohnheit bezeichnen. Im Wesentlichen unterstreicht das Konzept des Habitus die bedeutende Rolle, die unser soziales und physisches Umfeld bei der Bestimmung dessen spielt, was uns ausmacht bzw. wie wir uns verhalten und wer wir sind.

Im Gesamtbild der menschlichen Gesellschaft wirkt Habitus wie ein roter Faden, der unsere persönlichen Erfahrungen mit einem breiteren kulturellen Umfeld verbindet. Er macht deutlich, wie soziale Einflüsse unsere Persönlichkeit und unsere Verhaltensweisen prägen. So können wir die Komplexität menschlicher Interaktionen und die Prägungen erkennen, auf denen unsere Verhaltensweisen basieren. Ein Bewusstsein schaffen für die Welt um uns herum. In einer globalisierten Welt ist das Verständnis von Habitus wichtig. Fremdes und anderes nicht abzutun, sondern unbekannten Bräuchen aufgeschlossen zu begegnen; zu erkennen, dass das, was uns seltsam erscheinen mag, nur das Ergebnis einzigartiger gesellschaftlicher Einflüsse ist, die ihre eigene Geschichte haben. Dieses Verständnis fördert kulturelles Einfühlungsvermögen und ebnet den Weg zu einer stärker vernetzten Welt. ◆

↑ Abb. 2. Begrüßungen in verschiedenen Sprachen (Grafik: Florian Schwake).

» Unsere Einstellungen, unser Auftreten und unser Lebensstil werden unter anderem durch soziale Erfahrungen und Interaktionen in bestimmten kulturellen Kontexten beeinflusst. «

↑ Abb. 1. Gipsabdruck eines Kindergesichts, der 1874 im Grab der Claudia Victoria in Lyon gefunden wurde. Lyon, Musée gallo-romain de Fourvière / Lugdunum (Quelle: Wikimedia Commons; Foto: User Rama; https://commons.wikimedia.org/wiki/File:Face_of_a_child-MGR_Lyon-IMG_9850.jpg; CC BY-SA 2.0 FR; https://creativecommons.org/l censes/by-sa/2.0/fr/; bearbeitet).

Sara Mura, Sarah Bockmeyer, Anastasiia Kurgaeva

Den Tod vor Augen – Gedenken im Alltag

Wir sind Gewohnheitstiere – auch, wenn es darum geht, die Erinnerung an geliebte Menschen so lange wie möglich zu erhalten. Für lange Zeit wurden beispielsweise Statuen oder Gemälde genutzt, um Verstorbenen zu Gedenken und ihr Aussehen zu bewahren. In der heutigen Welt haben digitale Medien und künstliche Intelligenz (KI) diese Aufgabe übernommen und sind zum ultimativen, langlebigen Werkzeug geworden, weshalb sie zum Gedenken an die Toten und zur Aufrechterhaltung der Kommunikation eingesetzt werden.

Die akademische Forschung hat vor kurzem damit begonnen, das Phänomen der Social-Media-Plattformen und mobilen Apps zu untersuchen, die von Freund*innen und Familien genutzt werden, um die Verstorbenen ständig präsent und erreichbar zu machen. Diese Tendenz ist jedoch nicht erst in der Neuzeit entstanden. Die Toten durch ein realistisches Bild von ihnen zu einem Teil unseres täglichen Privatlebens im häuslichen Umfeld zu machen, ist eine langjährige Tradition, die wir uns zu eigen gemacht, übernommen und unseren Ressourcen und kulturellen Einflüssen entsprechend angepasst haben. Wir verwenden realistische Bilder und beschäftigen uns mit ihnen, ohne darüber nachzudenken. Sie zu nutzen ist mehr oder weniger zu einer Gewohnheit geworden.

Wie weltweite Belege zeigen, beginnt die Schaffung eines Bildes der/des Verstorbenen häufig mit einem ritualisierten Prozess, der typischerweise mit den Bestattungsbräuchen nach dem Tod der Person verbunden ist. Allerdings gibt es kaum archäologische Belege für die Verwendung dieser Bilder in privaten Kontexten. Innerhalb Europas, das im Zentrum dieses Artikels stehen soll, geht eines der frühesten Beispiele für ein solches Verhalten auf die Römerzeit zurück. Im *Atrium* von Privathäusern, dem prominentesten Ort im öffentlichen Teil des Hauses, wurden Wachsmasken, die vom Gesicht der Person – wahrscheinlich noch zu Lebzeiten – abgeformt worden waren, mit größter Sorgfalt aufbewahrt. Das *Atrium* diente als Empfangsraum für Gäste, Angehörige und Klienten (freie, aber vom Hausherrn abhängige Personen). Auch wenn die Schränke, in denen die *Abbilder* aufbewahrt wurden, in der Regel geschlossen waren, blieben die Beschriftungen darunter sichtbar und lesbar, sodass die Besucher*innen einen Bezug zu den historischen Figuren herstellen konnten, die sie darstellten. Diese ständige Interaktion mit der Öffentlichkeit erstreckte sich auf verschiedene Aspekte des Lebens, einschließlich der Bestattungssitten, des politischen Engagements und des täglichen Lebens im Allgemeinen.

Die in antiken Schriftquellen erwähnten Wachsmasken haben sich nicht erhalten. Alles, was uns geblieben ist, sind die Gipsabdrücke von kleinen Kindern und Erwachsenen (männlich und weiblich),

← Abb. 2. Porträt der Isabella d'Este von Tizian (ca. 1534-36) als Beispiel für weibliche Porträtmalerei der Renaissance. Öl auf Leinwand, Kunsthistorisches Museum, Wien, Inv.-Nr. GG 83 (Quelle: Wikimedia Commons; https://commons.wikimedia.org/wiki/File:Tizian_056.jpg; gemeinfrei).

» Die Malerei enthält eine göttliche Kraft, die nicht nur die Abwesenden anwesend macht, wie es der Freundschaft nachgesagt wird, sondern auch die Toten fast lebendig erscheinen lässt. «

die in anderen Zusammenhängen in Rom und den römischen Provinzen Gallien, dem heutigen Frankreich, Portugal und Griechenland gefunden wurden (Abb. 1). Diese Abgüsse ähneln wahrscheinlich denen, die zur Herstellung der Wachsmasken in den häuslichen Umgebungen verwendet wurden. Aus archäologischen Funden und antiken Schriftquellen geht hervor, dass dieser Brauch, der ursprünglich dem Adel und den höchsten Magistraten vorbehalten war, sich im späten 1. und frühen 2. Jahrhundert u. Z. im gesamten Reich unter Familien der unteren Schichten, die Zugang zum Senat hatten, verbreitete und bis zum 5. Jahrhundert u. Z. anhielt.

In Anlehnung an die kaiserliche Mode wurden römische Wohnhäuser im ganzen Reich auch mit realistischen, in Marmor gemeißelten Privatporträts geschmückt. Diese Praxis scheint bis zum 6. oder 7. Jahrhundert u. Z. üblich gewesen zu sein, auch wenn der Standort der Büsten unklar bleibt. Durch die Verwendung von Wachs und Stein als Ausdrucksmittel hatten die Römer die Möglichkeit, ihre Geschichte zu visualisieren und ihr visuelles Erbe zu gestalten. Auf diese Weise konnten sie eine beständige und vertraute Präsenz der Verstorbenen im Haushalt schaffen und einen unauslöschlichen Eindruck bei Bewohner*innen und Besucher*innen gleichermaßen hinterlassen.

Diese antike Praxis ging nicht verloren. Fast eintausend Jahre später schmückten die Eliten der Renaissance ihre Paläste mit den Bildern ihrer Vorfahren. Steinbüsten befanden sich nicht nur im Inneren der Residenzen, sondern waren in die private Architektur eingebettet, entweder an der Fassade oder über Türöffnungen. Auch Gemälde auf Leinwand – entweder von der Person zu Lebzeiten oder von der Familie nach dem Tod in Auftrag gegeben – fanden in den Galerien der Privathaushalte ihren Platz (Abb. 2 und 3). So hielten Ehemänner und männliche Familienmitglieder beispielsweise das Leben von und die Erinnerung an Frauen, die bei der Geburt eines Kindes starben, durch gemalte Porträts in Ehren. Der italienische Renaissance-Humanist Leon Battista Alberti (1404-1472) schrieb in seinem Werk *De Pictura*: „Die Malerei enthält

↑ Abb. 3. Trauerbildnis von K. Horvath-Stansith, Künstler unbekannt, 1680er Jahre. Beispiel für Porträts einer kürzlich verstorbenen Person, die für die Trauernden ausgestellt wurden. Öl auf Leinwand, Slowakische Nationalgalerie, Bratislava, Inv.-Nr. O 4842 (Quelle: Wikimedia Commons; https://commons.wikimedia.org/wiki/File:Posmrtn%C3%BD_portr%C3%A9t_K._Horvath-Stansithovej,_rod._Kissovej.jpeg; gemeinfrei).

eine göttliche Kraft, die nicht nur die Abwesenden anwesend macht, wie es der Freundschaft nachgesagt wird, sondern auch die Toten fast lebendig erscheinen lässt" (Alberti und Grayson 1975, Abs. 25; Übersetzung: Sara Mura).

Nach dem Beginn der Industriellen Revolution (ab ca. 1760 in Großbritannien) und dem Aufstieg des Bürgertums wurden Porträts auch in bescheideneren Wohnzimmern aufgehängt. Leinwandporträts erfreuten sich in ganz Europa lange Zeit großer Beliebtheit, wobei der gemeinsame Zweck des Gedenkens im Vordergrund stand, sich aber in unterschiedlichen Formen manifestierte. Im Schweden des 17. Jahrhunderts wurden beispielsweise auch Gemälde, die verstorbene Kinder darstellten, zum Gedenken an diese verwendet.

Das Aufkommen der Fotografie im 19. Jahrhundert läutete eine neue Ära ein, in der Porträts auf verschiedenen Materialien festgehalten und für unterschiedliche Zwecke verwendet wurden. Vor allem in Großbritannien und Frankreich gewann die Post-Mortem-Fotografie an Bedeutung. Der technische Fortschritt ermöglichte die Verwendung erschwinglicherer Materialien, die für die breite Masse zugänglich waren, und erlaubte es, Personen posthum zu dokumentieren, indem man sie in natürlichen Posen entweder allein oder im Kreise der Familie fotografisch festhielt. Ähnlich wie Leinwandporträts konnten diese Fotografien gerahmt und in den eigenen vier Wänden ausgestellt werden. Entgegen der landläufigen Meinung hielt sich die Post-Mortem-Fotografie in Ländern wie Island bis in die erste Hälfte des 20. Jahrhunderts. Berufs- oder Amateurfotograf*innen sowie enge Verwandte der/des Verstorbenen hielten Bilder von Leichenwachen, der Einbettung des Leichnams in den Sarg oder von Besuchen in Leichenhallen fest.

Neben ihrer fesselnden Einzigartigkeit veranschaulichen diese ausgewählten Beispiele, wie verschiedene Kulturen im Laufe der Zeit unterschiedliche Methoden entwickelt haben, um die Verstorbenen in ihr Alltagsleben zu integrieren, indem sie die Erinnerungen durch visuelle Medien festhielten. Mit der Weiterentwicklung der Materialien entwickelte sich auch die Anordnung dieser Bilder im Haus, bis sie schließlich den Status von Fotos erreichten, die ordentlich in Alben aufbewahrt werden konnten. Im Vergleich dazu hat in den modernen westlichen Gesellschaften die Präsenz des Todes in den letzten Generationen abgenommen. Die Abneigung, über den Tod nachzudenken, zu diskutieren oder ihn anzuerkennen, hat die Verbindung zu den Verstorbenen gekappt und die Erinnerung an sie in den Hintergrund gedrängt. Doch die neuen visuellen Medien sind Teil unseres Lebens geworden, und Konventionen können sich wieder ändern.

In den letzten zwei Jahrzehnten haben digitale Plattformen den sozialen Aspekt unserer intimen Trauer wiederbelebt und es den Verstorbenen ermöglicht, ihr Netzwerk von Familie und Freund*innen wieder lebendig werden zu lassen. Die Verstorbenen sind nicht mehr in den eigenen vier Wänden verborgen. Die Smartphone-Technologie hat uns von den Einschränkungen eines PC-Terminals befreit und ermöglicht den einfachen Zugang zu den Erinnerungen an die Verstorbenen durch simples Berühren des Bildschirms überall auf der Welt. Die Facebook-Generation, die am Puls des digitalen

Zeitalters lebt, hat die affektiven Bindungen zu den Verstorbenen nicht nur bewahrt, sondern verstärkt, indem sie die Online-Plattformen mit der Essenz des Geistes der Verstorbenen gefüllt hat. Ähnlich wie bei einem Gespräch mit einem Bild interagieren die Besucher*innen mit diesen digitalen Welten und hinterlassen Botschaften, die über das Körperliche hinausgehen und sich direkt an die Verstorbenen richten.

Diese gemeinschaftliche Fortsetzung der Bindung ist zu einem Markenzeichen des zeitgenössischen Trauerprozesses geworden, der in der sogenannten *Grief Tech* weiterentwickelt wurde: Durch das Sammeln der Geschichte einer Person in Form von Textnachrichten, Audiodateien, Bildern und Videos wird künstliche Intelligenz eingesetzt, um die Persönlichkeit der/des Verstorbenen zu simulieren. Wie der Name dieser Technologie schon andeutet, ist es ihr Ziel, den Lebenden während ihres Trauerprozesses zu helfen. Apps wie MindBank Ai, StoryFile und DeepBrain AI stehen an der Spitze dieses neuen Marktes und erstellen digitale Zwillinge, Ghostbots und holografische Nachbildungen. Diese Tools, einschließlich Chatbots, die nicht nur das Aussehen, sondern auch die Stimme und die Persönlichkeit der Verstorbenen nachbilden sollen, leiten eine neue Ära ein, in der die Toten nicht nur sichtbar sind, sondern auch „reagieren" können.

Während sich die Gesellschaft mit diesen beispiellosen Fortschritten auseinandersetzt, stellt sich die Frage nach der Rolle dieser Technologien in unserem täglichen Leben. Sind diese Hilfsmittel dazu bestimmt, zu einem neuen integralen Bestandteil unserer täglichen Routine zu werden, anstatt lediglich ein therapeutisches Gefühl des Abschlusses zu vermitteln? Nur die Zeit wird zeigen, welche Auswirkungen dieser Paradigmenwechsel wirklich hat. Es handelt sich nicht nur um ein Spiegelbild der Gewohnheiten der Lebenden, sondern um ein neu entstehendes Medium, das die Verstorbenen unsterblich machen will und die Grenzen zwischen den Lebenden und den Toten verwischt. Die ursprüngliche Absicht, der Toten durch Bilder zu gedenken, ist zu einer Suche nach digitaler Unsterblichkeit durch visuelle Medien geworden. Und die Entwicklung der Trauertechnologie fügt der fortlaufenden Geschichte der menschlichen Gewohnheiten des Gedenkens ein fesselndes Kapitel hinzu. ◆

» Es handelt sich um ein neu entstehendes Medium, das die Verstorbenen unsterblich machen will und die Grenzen zwischen den Lebenden und den Toten verwischt. «

Florian Schwake, Stefania Fiori, Katharina Zerzeropulos

Turns in der Archäologie – Neue Ideen in den Geisteswissenschaften

Die Archäologie ist das Studium alter Dinge, Objektgruppen oder Zivilisationen. Ihr Name leitet sich von den altgriechischen Begriffen ἀρχαῖος („alt") und λόγος („das Studium eines bestimmten Objekts oder Gegenstands") ab. Das Fach Archäologie hat sich mit all seinen Disziplinen, unter anderem der Ur- und Frühgeschichtlichen oder Klassischen Archäologie oder der Ägyptologie, seit seinen (akademischen) Anfängen im 18. Jahrhundert stetig weiterentwickelt.

Neue Forschungsfragen und -methoden wurden in Zusammenarbeit mit anderen Geistes- und Naturwissenschaften entwickelt, um vergangene Kulturen genauer erforschen zu können. So wurden bestehende Denkweisen, Traditionen und Praktiken aufgegeben, um neue Gewohnheiten und Denkmuster zu schaffen; im wissenschaftlichen Jargon wird dies als *Turn* – zu Deutsch „Wende" – bezeichnet. Der *Spatial Turn* („Räumliche Wende") dient als gutes Beispiel dafür, wie das Durchbrechen von (schlechten) Gewohnheiten zu neuen Erkenntnissen und Gedanken führen kann. Dies ermöglicht einen Einblick in die wechselseitige Beziehung zwischen wissenschaftlicher Forschung und aktuellen kulturellen, sozialen und politischen Phänomenen und Trends. Schlussendlich leitet es dazu über, dass wir unsere Vorurteile, Theorien und Methoden ständig neu bewerten, gegebenenfalls überwinden, und neue Ideen und Denkweisen entwickeln müssen, um als Gesellschaft weiter voranzukommen.

← Abb. 1. Gemälde von Johann Joachim Winckelmann (1717-1768), gemalt 1768 von Anton von Maron. Weimar, Klassisches Museum, Inventarnummer G 70 (Quelle: Wikimedia Commons; https://de.m.wikipedia.org/wiki/Datei:Johann_Joachim_Winckelmann_%28Anton_von_Maron_1768%29.jpg; gemeinfrei).

Gewohnheiten und Turns

„Man erblickt nur, was man schon weiß und versteht" (Johann Wolfgang von Goethe, 24. April 1819; zitiert nach: C.A.H. Burkhardt 1870, 29).

Dieser Satz von Johann Wolfgang von Goethe beschreibt ein in der hermeneutischen Philosophie zentrales Problem der Geisteswissenschaften. Demnach sind unsere Denkweise, unser Sprachgebrauch und unsere Wahrnehmung weitgehend von unserer Umgebung und unseren kulturellen Traditionen geprägt. Zum Beispiel durch das, was uns in der Schule oder an der Universität beigebracht wurde. Dieser Gedankengang (siehe Infobox zu Habitus und Gewohnheiten in diesem Band) führt zu dem hier verwendeten Begriff einer Gewohnheit. So sind Gewohnheiten konditionierte Handlungsformen, die sich – manchmal unbewusst – in der Art und Weise ausdrücken, wie wir Informationen erwerben, angehen und interpretieren. Diese Prozesse variieren je nach kulturellen Einflüssen und Lehren. Daher gibt es keinen universellen und einheitlichen Habitus aller Menschen. Dies gilt selbstverständlich auch für die archäologischen Wissenschaften; es gibt somit auch keinen einheitlichen archäologischen Habitus sondern viele unterschiedliche Ausprägungen und Gewohnheiten der Forscher*innen.

Die wissenschaftlichen Wurzeln der Archäologie wurden im späten 18. Jahrhundert von Johann Joachim Winckelmann (1717-1768) gelegt (Abb. 1), der sie als kunsthistorisches Fach etablierte. Seitdem wurden und werden neue Methoden eingeführt und die jeweils neuesten technischen Erfindungen eingesetzt. So graben Archäolog*innen heute beispielsweise nach stratigraphischen Schichten – Stratigraphie ist die relative Datierung auf Grundlage der Abfolge von Schichten (Strata) im Boden. Sie benutzen Datenbanken, die Forschende über Länder und Kontinente vernetzen, und verwenden modernste Technik zur Dokumentation und Digitalisierung von Funden (Objekten) und Befunden (z. B. Strukturen, Bauten *etc.*). Die Archäologie als Wissenschaft hat sich also zu einer Kombination aus Geschichts-, Sozial-, Kunst- und Naturwissenschaften entwickelt (siehe Infobox zu Naturwissenschaften in der Archäologie in diesem Band).

Eine treibende Kraft hinter dieser Entwicklung ist zudem die Umsetzung neuer Ansätze und Ideen, sei es aus anderen Disziplinen, technologischen Erfindungen oder gesellschaftlichen Trends. Dies wird als *Turn* bezeichnet. Zahlreiche Turns haben zu tiefgreifenden Umstrukturierungen in den Geistes- und Sozialwissenschaften geführt, indem sie neue Forschungsbereiche definiert, neue Prinzipien und Kriterien eingeführt und theoretische Modelle umgestaltet haben. Der Begriff Turn ist jedoch selten klar definiert und kann verschiedene Aspekte umfassen. Eine Gemeinsamkeit ist jedoch, dass Turns disziplinübergreifend und das Ergebnis (mehrerer) kleinerer Ereignisse sind, deren Neubewertung und Ausstattung mit einer tieferen theoretischen und methodologischen Grundlage zu einer einflussreicheren Wende führt(e). Sie sind daher der Beweis und das Ergebnis einer kollektiven Anstrengung innerhalb der Wissenschaften, über die Grenzen der Fächer hinweg zusammenzuarbeiten.

Der erste Turn, der als solcher bezeichnet wurde, ist der *Linguistic Turn*, die linguistische oder sprachwissenschaftliche Wende. Sie geht auf Debatten in der Sprachphilosophie des frühen 20. Jahrhunderts zurück und umfasst verschiedene Strömungen des westlichen Denkens. Im Mittelpunkt steht die Überzeugung, dass alle Beschreibungen sprachlich formuliert werden, sowohl verbal als auch kognitiv, sodass die Sprache das Werkzeug ist, das die Wirklichkeit konstituiert bzw. definiert. Während sich die Sprachwissenschaften zuvor vor allem auf ihre Struktur konzentriert hatten, wurde die Sprache nun als begriffliches Werkzeug in den Vordergrund gerückt.

Diese Verlagerung des Schwerpunkts vom Objektzustand neuer Untersuchungsfelder zum Zustand analytischer Kategorien und Begriffe ist ein inhärentes Merkmal eines Turns. Einfacher formuliert bedeutet dies eine Art begriffliche Verschiebung, so

» Eine treibende Kraft hinter dieser Entwicklung ist zudem die Umsetzung neuer Ansätze und Ideen, sei es aus anderen Disziplinen, technologischen Erfindungen oder gesellschaftlichen Trends. «

dass ein ehemals deskriptiver Begriff in ein operatives Konzept umgewandelt wird, das gestalten und verändern kann. So wandelte sich beispielsweise im Zuge des *Material Turn* der Blick auf Objekte von ihrer Funktion als Zeugen sozialer oder wirtschaftlicher Aktivität – z. B. Amphoren als Transportbehälter für Öl – zu Medien und Trägern von Zeichen, Symbolen und Ideen. So werden sie als Träger von Ideologien und einer bestimmten „Lebensweise" angesehen. Dies ist etwas, das uns in der heutigen kapitalistischen Umgebung nur allzu vertraut ist. Wir sind darauf konditioniert, die neueste Mode, einen bestimmten (Lebens-) Stil oder eine bestimmte Farbe der Kleidung zu „brauchen", um uns einer bestimmten Gruppe zugehörig zu fühlen. In den Geisteswissenschaften gab und gibt es noch zahlreiche weitere Turns. Im Folgenden wollen wir einen Blick auf den sogenannten *Spatial Turn*, die „räumliche Wende", als ein Beispiel werfen.

Der Spatial Turn

Schon im 19. Jahrhundert betrachteten die einflussreichen Schweizer Kunsthistoriker Jacob Burckhardt (1818-1897) und Heinrich Wölfflin (1864-1945) gebaute Architektur als einen konkreten Anzeiger kultureller Strömungen und Eigenarten. Dem deutsch-britischen Nikolaus Pevsner (1902-1983), einem Schüler Wölfflins, und seinen Nachfolger*innen ist es jedoch zu verdanken, dass bereits in der ersten Hälfte des 20. Jahrhunderts soziale und technische Innovationen mit der Beschreibung und Entwicklung bestimmter Gebäudetypen verknüpft wurden. Doch erst die Arbeiten der Soziologen und (Sozial-) Philosophen Henri Lefebvre (1901-1991) und Pierre Bourdieu (1930-2002) legten den Grundstein für das, was man später den *Spatial Turn* nannte. Ihre Ideen wurden von dem Geografen Edward Soja (1940-2015) aufgegriffen, welcher in seiner Publikation von 1989 drei verschiedene Arten von Räumen unterschied: den (ersten) wahrgenommenen, den (zweiten) gedachten und den (dritten) gelebten Raum. Auf einer objektiven Ebene wird der Raum als geografisches Gebiet wahrgenommen; er ist das, was uns umgibt oder sich zwischen Gebäuden in Städten oder ländlichen Gebieten befindet. So ist beispielsweise ein Markt (Abb. 2) ein Raum mit unterschiedlicher räumlicher Ausdehnung, aber temporären Ständen, auf denen Waren verkauft und gekauft werden. Die archäologischen Zeugnisse eines Marktplatzes wären zum Beispiel Löcher im Boden für die Einrichtung der Läden, Inschriften auf Tafeln oder Überreste der Waren oder ihrer Behältnisse. Dabei könnte es sich um Fragmente von Amphoren oder Dolia (große, in den Boden eingelassene Vorratsgefäße) handeln, in denen die Waren gelagert wurden. Dies ist die vorgesehene Funktion eines Marktes als ein Ort des Handels und des Gewerbes und bildet den zweiten Raum in Sojas Modell.

Gleichzeitig ist er aber auch ein Ort der sozialen Interaktion und der Kommunikation zwischen

↑ **Abb. 2. Der Hamburger Fischmarkt in Altona mit Besucher*innen (Quelle: Wikimedia Commons; Foto: Wolfgang Meinhart; https://commons.wikimedia.org/wiki/File:Hamburg.Fischmarkt.wmt.jpg; CC BY-SA 3.0; https://creativecommons.org/licenses/by-sa/3.0/; bearbeitet).**

Menschen. So können wir uns vorstellen, wie Verkäufer*innen, Käufer*innen und Passant*innen in eine Diskussion über Politik vertieft miteinander sprechen. Die Erfahrung des Lebens auf einem Markt kann also von Individuum zu Individuum unterschiedlich wahrgenommen werden. Soja nannte dies den gelebten Raum, einen Bereich der Sozialisation. Nach dem Konzept von Bourdieu und Lefebvre ist dieser soziale Raum nach Vorstellungen und Ordnungen strukturiert, die sich von den Bewohnern und ihrer kulturellen Prägung oder ihrem Habitus unterscheiden.

„Der (soziale) Raum ist ein (soziales) Produkt (...) der so produzierte Raum dient auch als Werkzeug des Denkens und des Handelns; er ist nicht nur ein Produktionsmittel, sondern auch ein Mittel der Kontrolle und damit der Herrschaft, der Macht; und als solches entzieht er sich zum Teil denen, die ihn nutzen wollen" (Lefebvre 1991, 26; Übersetzung: Florian Schwake).

Die Architektur oder die gebaute Umwelt wird als Quelle kultureller Informationen und Traditionen durch ein kulturelles System von Symbolen (semiotische Systeme) zugänglich gemacht. Die gebaute Umwelt folgt demnach den Vorstellungen einer manifestierten politischen oder wirtschaftlichen Struktur. Diese wiederum kann entschlüsselt werden, um die sozialen Praktiken zu erfassen, die den Raum füllen. Sie visualisiert die Leitprinzipien, Normen und Ideen einer Gesellschaft, die sonst unsichtbar und unbemerkt bleiben würden. Diese Annahmen führen zu einem ständigen Wechselspiel gegenseitiger Beeinflussung zwischen Umwelt und Individuen oder Gesellschaft.. Die Umwelt beeinflusst unsere Handlungen und soziale Ordnung, kann aber gleichzeitig umgestaltet und umstrukturiert werden, um neue Ordnung(-en) zu schaffen. Mit anderen Worten: Unsere Umwelt formt uns und unser Verhalten. In dem Maße, wie wir unsere (räumliche) Umwelt verändern und umgestalten, können wir aber auch unsere Gewohnheiten ändern. Dieses Wechselspiel lässt sich in alten Gesellschaften häufig feststellen, insbesondere nach einem Wechsel der politischen und hierarchischen Struktur. Neue Herrscher nutzten – wie heute – Gebäude, um ihre Allgegenwart in das Leben ihrer Untertanen zu implementieren. In der Antike konnte man zum Beispiel nicht über das Forum in Rom gehen, ohne einen Tempel oder ein anderes Gebäude zu sehen, welches von einem Kaiser errichtet wurde. Diese Omnipräsenz des Kaisers wurde mit Hilfe des Mediums der Statuen von Rom aus in alle Städte des Reiches hinausgetragen. Auf diese Weise strukturierten die Kaiser die erwartete Wahrnehmung der Bürger und programmierten sie darauf, sie täglich als gönnerhafte Beschützer und Wohltäter wahrzunehmen bzw. wahrnehmen zu müssen.

Schlussbemerkungen

Wohin haben die Turns also geführt? Zu einer Vielzahl an neuen Ideen. In den Geisteswissenschaften haben sich neue Forschungsfelder herausgebildet. In der Archäologie wurden neue interdisziplinäre Schwerpunkte zum Beispiel auf visuelle Rekonstruktionen und die Wahrnehmung des (gebauten) Raums und dessen Gestaltung gesetzt. Zudem ist ein post- oder nicht-menschlicher

» Auf diese Weise sind die Turns ein Symbol dafür, was eine offene Gesellschaft – und die Menschheit im Allgemeinen – erreichen kann, wenn sie zusammen in Richtung eines gemeinsamen Zieles arbeitet. «

neuer Materialismus entstanden, der Objekte als eigenständige Akteure und das Zusammenspiel von Objekt und Mensch in den Mittelpunkt stellt. Eine Haltung, die sich mit neuen Fragen und Richtungen deckt, die in den letzten Jahrzehnten auch außerhalb des wissenschaftlichen Alltags aufgetaucht sind.

Ein weiterer Aspekt ist die Wechselwirkung zwischen modernen gesellschaftspolitischen Diskursen und der Wissenschaft. Einer der Hauptgedanken des *Linguistic Turn* ist, dass Sprache Wirklichkeit schafft und konstituiert. Ein Szenario, das in der heutigen Welt nicht mehr geleugnet werden kann, in der eine Vielzahl von (Des-) Informationsquellen unterschiedliche Realitäten verkünden und moderne Gesellschaften vor neue – oder zumindest scheinbar neue – Probleme stellen. Dieses offensichtliche Wechselspiel der gegenseitigen Beeinflussung zwischen dem wissenschaftlichen Bereich und unserem Alltag, seinen sozialen Ordnungen und Mustern, prägt unsere Gewohnheiten und dringt in unsere Forschung ein. Das Brechen von (schlechten) Gewohnheiten und die Änderung kognitiver Verhaltensmuster im realen Leben verändert auch die Gewohnheiten, die in der Wissenschaft vorherrschen und andersherum. Die Akzeptanz und Umsetzung neuer Erkenntnisse und das Hinterfragen des Stands der Technik sind die eigentlichen Triebkräfte des Fortschritts. Beides trägt zum Fortschritt eines wissenschaftlichen Fachgebiets wie auch der Gesellschaft als Ganzes bei. Auf diese Weise sind die Turns ein Symbol dafür, was eine offene Gesellschaft – und die Menschheit im Allgemeinen – erreichen kann, wenn sie zusammen in Richtung eines gemeinsamen Zieles arbeitet.

In diesem Sinne war es immer das zentrale Ziel der Geisteswissenschaften, die Öffentlichkeit zu informieren und sie zu befähigen, gemeinsam aus der Vergangenheit zu lernen. Mit der hier dargelegten Argumentation kann der Bereich der wissenschaftlichen Forschung als Spiegel und anschauliches Beispiel dafür gesehen werden, wie eine Gesellschaft die Arbeit an sich selbst angehen sollte, indem sie neue Ideen fördert, überprüft und umsetzt oder auch ältere Konzepte aufgreift und erneuert, um voranzukommen. ◆

↑ Abb. 1. Historisches Foto minderjähriger Baumwollpflückerinnen auf einer Plantage in Mississippi. Harper Stereograph Collection, Boston Public Library (Quelle: Digital Commonwealth; online unter: https://ark.digitalcommonwealth.org/ark:/50959/sq87d586q; CC BY-NC-ND, https://creativecommons.org/licenses/by-nc-nd/4.0/).

Katharina Zerzeropulos, Anastasiia Kurgaeva, Henriette Brandt

Dem Teufelskreis entkommen – Ein kurzer Abriss der Diskriminierung

Warum wir reden müssen – Diskriminierung heute

Im Englischen gibt es das Sprichwort „Old habits die hard", was sich sinngemäß mit „Alte Gewohnheiten lassen sich nur schwer ablegen" übersetzen lässt. Dieses Sprichwort passt besonders gut zum Thema Diskriminierung. Sie bleibt nicht nur hartnäckig bestehen, sondern hat sich im Laufe der Geschichte oft wie eine alte, tief verwurzelte Gewohnheit verfestigt. Tatsächlich können wir Diskriminierung in jeder Epoche der Menschheitsgeschichte beobachten.

Vielleicht fragst du dich, warum ein Artikel einer Forschungsgruppe, die sich hauptsächlich mit vergangenen Gesellschaften beschäftigt, ein so aktuelles Thema behandelt. Die Antwort ist einfach: Indem wir die Vergangenheit betrachten, können wir die Gegenwart – und vielleicht sogar die Zukunft – besser verstehen. Wenn wir nachvollziehen, wie Diskriminierung entstanden ist, können wir auch begreifen, warum Veränderungen notwendig waren und warum Diskriminierung eines der größten Probleme unserer Gesellschaft bleibt. Warum haben Menschen über Jahrtausende hinweg andere Gruppen diskriminiert? Und welche Auswirkungen hatte das? Solche Überlegungen helfen uns, zu verstehen, warum Diskriminierung auch heute noch so präsent ist.

Leider ist das Thema aktueller denn je. Ein Beispiel dafür ist das Potsdamer Treffen vom 25. November 2023, bei dem eine rechtsgerichtete Gruppe sogenannte „Remigrationspläne" beschloss. Diese Pläne sehen vor, dass Menschen mit Migrationshintergrund das Land verlassen sollen. Diese Entscheidungen lösten massive Proteste aus, bei denen Hunderttausende auf die Straße gingen. Solche Entwicklungen wirken düster, sind jedoch nichts Neues. Im Gegenteil – es gehört fast schon zur traurigen Gewohnheit der Menschheit, „anderen" grundlegende Rechte zu verweigern oder sogar extreme Maßnahmen gegen sie zu ergreifen.

Bevor wir jedoch genauer darauf eingehen, wann Diskriminierung zum ersten Mal auftrat und wie sie sich historisch entwickelt hat, sollten wir klären, was Diskriminierung eigentlich bedeutet.

Arten von Diskriminierung

Die Definition von Diskriminierung kann wie im IMISCOE Short Reader über Migration und Diskriminierung zusammengefasst werden:

„Diskriminierung ist die ungleiche Behandlung einander ähnlicher Personen, die sich in der gleichen Situation befinden, sich aber durch ein oder mehrere Merkmale wie […] ethnische Zugehörigkeit, Geschlecht, Behinderung, sexuelle Orientierung oder andere kategorische Statusmerkmale unterscheiden" (Fibbi *et al.* 2021, 13; Übersetzung: Katharina Zerzeropulos).

Ein wichtiger Punkt ist demnach, dass Diskriminierung oft erst im Vergleich zu anderen Personen in der gleichen Situation sichtbar wird. So wird zum Beispiel Person A aufgrund ihres Geburtsortes anders behandelt als Person B, wenn dieser eine „negative Konnotation" aufgrund eines Merkmals hat, das sich die Person nicht aussuchen und/oder ändern kann.

Die Antidiskriminierungsstelle des Bundes unterteilt den Begriff der Diskriminierung in weitere Kategorien, die zum besseren Verständnis erwähnt werden sollen:

1. **Direkte Diskriminierung:**
   Person A wird schlechter behandelt als Person B.
2. **Indirekte Diskriminierung:**
   die Diskriminierung erfolgt aufgrund neutraler Kriterien, jedoch entstehen dadurch Nachteile für bestimmte Gruppen.
3. **Belästigung:**
   Herabwürdigung oder Beleidigung aufgrund der Zugehörigkeit zu einer bestimmten Gruppe.
4. **Intersektionelle/Mehrfachdiskriminierung:**
   Diskriminierung aufgrund der Zugehörigkeit zu mehreren Gruppen; so kann beispielsweise eine Person, die einer ethnischen Minderheit angehört, auch aufgrund ihrer Sexualität diskriminiert werden und somit mehreren Minderheitengruppen angehören, die diskriminiert und benachteiligt werden.

Obwohl von der Antidiskriminierungsstelle des Bundes nicht erwähnt, kann Diskriminierung auch auf höheren Organisationsebenen auftreten:

5. **Organisatorische/institutionelle/ systemische Diskriminierung:**
   eine Reihe von Maßnahmen und Praktiken, die zur systematischen Benachteiligung von Mitgliedern bestimmter Gruppen beitragen.

Was aber macht Diskriminierung zur Gewohnheit? In der Geschichte der Menschheit ist Diskriminierung leider kein seltenes oder zufälliges Phänomen. Häufig merken Menschen nicht einmal, dass sie diskriminieren – entweder, weil sie nicht glauben, dass ihr Verhalten anderen schadet, oder weil sie sich nicht in die Lage der Betroffenen hineinversetzen können. So wird sie zu einem unbewussten Muster, das in vielen Situationen und zu jeder Zeit auftreten kann, ohne dass man es bewusst wahrnimmt. Das bedeutet nicht, dass alle Menschen immer ahnungslos handeln, aber viele sind sich ihres Verhaltens möglicherweise nicht bewusst. Dennoch darf das keine Entschuldigung sein.

Diskriminierung gestern

Wie bereits angedeutet, hat die Benachteiligung bestimmter Gruppen eine lange Geschichte. Ein Blick in die Vergangenheit hilft uns dabei, diskriminierende Praktiken in unserem Leben besser zu verstehen und ihnen entgegenzuwirken. Ein Beispiel hierfür ist der Begriff „barbarisch" oder „Barbar*innen", den viele verwenden, um etwas oder jemanden als unzivilisiert oder fremd zu beschreiben. Dieser Begriff stammt aus dem antiken Griechenland, wo Fremde als „barbarisch" bezeichnet wurden, weil ihre Sprache für die Griech*innen wie „bar-bar" klang. So wurde „Barbar*innen" zu einem Synonym für „die Anderen". Statt sich einzugestehen, dass sie die fremde Sprache nicht verstanden, werteten die Griech*innen das Fremde ab.

← **Abb. 2. Intersektionelle Formen der Diskriminierung (Grafik: Katharina Zerzeropulos, erstellt mit Elementen von DALL-E [OpenAI] auf Grundlage einer Grafik des UNHCR; https://www.linkedin.com/posts/unhcr_iwd2023-activity-7037666766046547968-k1Zg?utm_source=share&utm_medium=member_desktop&rcm=ACoAAFNSrF0BphmAojok-ZK7oczhG7XcT3fVXFnU).**

Ein weiteres Beispiel aus der Geschichte ist die Verfolgung von Christ*innen im Römischen Reich. Obwohl die populären Geschichten über ihre Ermordung im Colosseum oft übertrieben sind, zeigt die Diskriminierung dieser Gruppe, wie religiöse Unterschiede als Grund für Ausgrenzung genutzt wurden. Die systematische Verfolgung von Christ*innen erreichte ihren Höhepunkt unter Kaiser Diokletian (303-311 u. Z.), bevor sie durch Kaiser Konstantin (306-337 u. Z.) beendet wurde, der auf dem Sterbebett zum Christentum konvertierte.

Auch Frauen wurden über Jahrhunderte hinweg systematisch benachteiligt. Im antiken Griechenland waren sie meist auf das Haus beschränkt und durften es oft nur mit Zustimmung ihres Vaters oder Ehemanns verlassen. Im alten Rom standen sie unter der Autorität des *pater familias*, der das Recht hatte, alle ihm Unterstellten, einschließlich Frauen, Kinder und Sklaven, nach Belieben zu bestrafen. Auch wenn solche drastischen Entscheidungen selten getroffen wurden, waren Frauen in fast allen Lebensbereichen eingeschränkt. Dieser Trend setzte sich über das Mittelalter bis in die Neuzeit fort. Heute dürfen Frauen in vielen Gesellschaften wählen und haben gesetzlich garantiert die gleichen Rechte wie Männer, aber sie sind immer noch häufig subtilen Diskriminierungen ausgesetzt, etwa durch unbewusste Sprachmuster. Doch in anderen Teilen der Welt haben Frauen oft noch immer deutlich weniger Rechte.

Eine der extremsten Formen von Diskriminierung war und ist die Sklaverei. Ein besonders eindrückliches Beispiel ist die Versklavung von Menschen afrikanischer Herkunft im Amerika des 18. und 19. Jahrhunderts. Diese Menschen wurden gezwungen, auf Baumwoll-, Tabak- und Indigoplantagen zu arbeiten, ohne jegliche Rechte oder Selbstbestimmung. Sie litten oft unter Hunger, Misshandlungen und unmenschlicher Behandlung. Selbst freigelassene Sklav*innen hatten es schwer, da ihre Hautfarbe weiterhin als Stigma diente. Diese Form der Diskriminierung wirkt bis heute nach, besonders in den USA, wo Rassismus ein aktuelles Thema bleibt, obwohl die Sklaverei längst abgeschafft ist.

Auch Europa war von diskriminierenden Praktiken geprägt. Obwohl Sklaverei in Europa nicht so verbreitet war wie in den Kolonien, profitierte der Kontinent stark davon. Gleichzeitig entwickelte sich im 19. Jahrhundert ein Nationalismus, der die eigene nationale Identität über andere stellte und Minderheiten abwertete. Dieser Nationalismus führte zu Konflikten und zur Gründung von Nationalstaaten, was letztlich im Ersten Weltkrieg gipfelte.

Nach dem Krieg wurde diese Entwicklung zunächst gebremst, doch bald kehrte der Nationalismus mit noch größerer Stärke zurück. Dies führte zu einer der schlimmsten Gewalttaten der Menschheitsgeschichte: dem Holocaust. Unter dem nationalsozialistischen Regime wurden Millionen von Menschen ermordet – Jüd*innen, Sinti und Roma, Homosexuelle, Behinderte und alle, die nicht ins Bild der „arischen Rasse" passten. Auch politische Gegner*innen fielen dieser systematischen Verfolgung zum Opfer. Der Holocaust markierte eine grausame Extremform von Diskriminierung, die die Welt für immer veränderte.

Die Geschichte zeigt uns, wie Diskriminierung zu unfassbaren Verbrechen führen kann. Der Holocaust war ein Wendepunkt, der deutlich machte, dass Diskriminierung in keiner Form mehr toleriert werden darf. Es war der Beginn eines neuen Kampfes – des Kampfes gegen Diskriminierung.

Ideen dagegen

Ideen, die dazu beigetragen haben, dass wir Diskriminierung heute als falsch empfinden, stammen

» Ideen, die dazu beigetragen haben, dass wir Diskriminierung heute als falsch empfinden, stammen zum größten Teil aus der Zeit der Aufklärung und historischer Entwicklungen, die auf diese Ideen folgten, wie z. B. der Französischen Revolution. «

zum größten Teil aus der Zeit der Aufklärung und historischer Entwicklungen, die auf diese Ideen folgten, wie z. B. der Französischen Revolution.

Eine wegweisende Idee, die das Denken nachhaltig veränderte, war der Aufstieg des Individuums. René Descartes prägte dies mit seinem berühmten Zitat „Ich denke, also bin ich" aus *Discours de la méthode* (1637 [1978]). Er betonte, dass jedes Individuum eine eigene Existenz und Denkweise hat, was die Grundlage für das Konzept der Gleichbehandlung bildete. Obwohl Descartes nicht direkt zur Aufklärung zählt, beeinflusste sein „Cogito, ergo sum" spätere Überlegungen wie den Gesellschaftsvertrag und die natürlichen Rechte.

Die Idee des Gesellschaftsvertrags wurde von Thomas Hobbes in *Leviathan* (1651 [2023]) eingeführt. Er argumentierte, dass Menschen von Natur aus ungleich seien und durch ein Abkommen einige Rechte an eine Autorität abtreten sollten, um Schutz und Ordnung zu gewährleisten. John Locke (1690 [2023]) erweiterte dies, indem er die natürlichen Rechte der Individuen betonte, die von Regierungen geschützt werden müssten. Jean-Jacques Rousseau prägte den Begriff in *Du contract social* (1762 [2018]) und unterstrich die Balance zwischen individueller Freiheit und kollektiver Ordnung.

Voltaire und Montesquieu ergänzten diese Ideen durch Forderungen nach Gewaltenteilung und einer Begrenzung staatlicher Macht, um die Rechte der Menschen zu schützen. Diese Konzepte prägten nicht nur die Aufklärung, sondern auch das moderne Verständnis von Demokratie und Gerechtigkeit.

Diskriminierung morgen? – Eine Aufgabe für alle

Das Problem der Diskriminierung und Intoleranz ist tief in unserer Geschichte verwurzelt und daher schwer zu lösen. Strukturen, die über Jahrtausende in menschlichen Gesellschaften entstanden sind, lassen sich nicht einfach aufbrechen.

Die Erkenntnis, dass Diskriminierung ungerecht ist, war ein entscheidender Schritt, der vor allem durch die Aufklärung im 17. und 18. Jahrhundert ermöglicht wurde. Die Aufklärung war nicht allein für die Gleichberechtigung verantwortlich (die damals vor allem auf weiße, heteronormative Männer be-

» Der Hang, Menschen in Kategorien einzuordnen, zieht sich durch die gesamte Menschheitsgeschichte. Diese Schubladisierung erleichtert zwar das Leben, reduziert die Welt aber auf eine vereinfachte und weniger vielfältige Version. «

schränkt war), doch sie ebnete den Weg für Revolutionen, Bürgerkriege und viele moderne Entwicklungen. Ideen wie Individualismus, Menschenrechte und rationales Denken zeigten, wie sehr Diskriminierung die Gesellschaft schädigt. Obwohl viele Themen der Aufklärung wichtig waren, hatten einige in ihrem historischen Kontext ein größeres Gewicht.

Der Hang, Menschen in Kategorien einzuordnen, zieht sich durch die gesamte Menschheitsgeschichte. Diese Schubladisierung erleichtert zwar das Leben, reduziert die Welt aber auf eine vereinfachte und weniger vielfältige Version. Doch ohne Vielfalt verlieren wir mehr, als wir gewinnen – egal, wer wir sind. Es erfordert Anstrengung, offen für neue Perspektiven zu bleiben, doch nur so können wir lernen, die Welt in ihrer ganzen Breite zu verstehen.

Die zentrale Frage bleibt: Können wir im Jahr 2025 die Gewohnheit ablegen, andere zu diskriminieren? Die Antwort ist komplex. Fortschritte sind sichtbar, doch die Entwicklung war nie linear. Auch in westlichen Gesellschaften, wo wir versuchen, Diskriminierung zu minimieren, existiert sie weiterhin.

Politische Maßnahmen zeigen, dass Diskriminierung noch immer ein Thema ist, aber auch, dass wir uns ihrer bewusst sind und sie aktiv bekämpfen. Nach Jahrhunderten systematischer Benachteiligung von Minderheiten sind wir auf einem guten Weg. Doch alte Gewohnheiten lassen sich nur schwer ablegen – und es bleibt noch viel Arbeit, um Diskriminierung endgültig zu überwinden. ◆

Fazit

Anna-Theres Andersen, Sarah Bockmeyer, Stefania Fiori, Florian Schwake, Fiona Walker-Friedrichs

Gewohnheiten sind alltäglich und Teil des Lebens. Dies gilt auch für die menschliche Vergangenheit. Die Geschichte zu untersuchen erlaubt es, auffällige Parallelen – aber auch Unterschiede – im Verhalten der Menschen im Vergleich zur heutigen Zeit zu erkennen. Einige dieser Gewohnheiten und Verhaltensweisen haben sich fast vollständig verändert, andere sind im Laufe der menschlichen Existenz konstant und unverändert geblieben. So konnten von der Urzeit bis zur Neuzeit drei Hauptaspekte ermittelt werden: die Beibehaltung, die Veränderung sowie das zyklische Wiederauftreten menschlicher Gewohnheiten.

Die Menschen mussten auf neue Umstände „reagieren" und passten ihr Verhalten entsprechend an, dennoch kehrten einige Verhaltensweisen zyklisch wieder. Andere Gewohnheiten scheinen stabil zu bleiben, aber bei näherer Betrachtung zeigt sich, dass sich auch diese Gewohnheiten veränderten, beispielsweise durch die Integration oder Entwicklung neuer Technologien. Andererseits wurden verschiedene Merkmale von Gewohnheiten über die Zeit hinweg beibehalten. Der eigentliche Sinn, der hinter einer bestimmten Gewohnheit stand, ging zwar verloren, aber die Handlung blieb dieselbe und wurde Teil einer Tradition. Wie gezeigt, liegen die Wurzeln der modernen Gewohnheiten in der Vergangenheit. Ihre Entwicklung durch Raum und Zeit hat dazu geführt, dass einige von ihnen kaum wiederzuerkennen sind; aber diese vergangenen Gewohnheiten beeinflussen auch heute noch unsere Gewohnheiten und unser Verhalten.

Durch den kleinen Einblick in die menschliche Vergangenheit ermutigt dieses Heft die Leser*innen, eigene Verhaltensweisen im Vergleich mit früheren neu zu bewerten. Der zeitliche, räumliche und technologische Kontext mag zwar unterschiedlich sein, aber um festzustellen, ob es sich lohnt, bewusst mit Gewohnheiten zu brechen und neue zu schaffen, ist ein Blick in die (eigene) Vergangenheit stets hilfreich. Zudem zeigt dieses Booklet, dass unsere Gewohnheiten das Ergebnis unserer (sozialen) Umwelt und ihrer Einflüsse sind. Auch wenn wir meinen, dass sie ausschließlich auf individueller Ebene entstehen, werden Gewohnheiten von unserem spezifischen sozialen und kulturellen Kontext bestimmt und beeinflusst. Daher kann die Änderung oder Beibehaltung von Gewohnheiten eine beträchtliche Investition von Zeit und Mühe erfordern, die sich aber in Hinblick auf unser aller Zukunft lohnen dürfte. ◆

Autorinnen und Autoren

Anna-Theres Andersen

Exzellenzcluster ROOTS / Institut für Ur- und Frühgeschichte, Christian-Albrechts-Universität zu Kiel

Stefania Fiori

Exzellenzcluster ROOTS / Institut für Ur- und Frühgeschichte, Christian-Albrechts-Universität zu Kiel

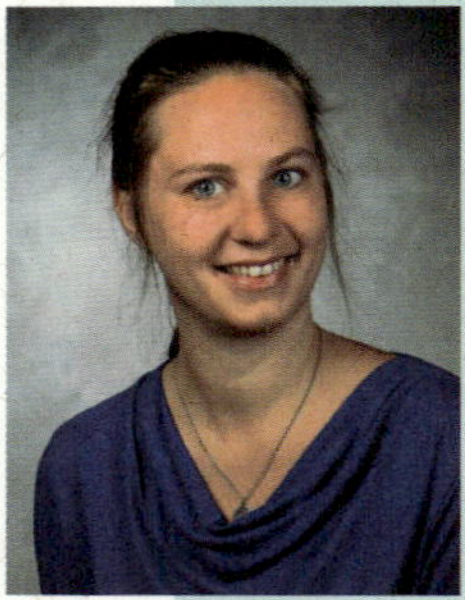

Sarah Bockmeyer

Exzellenzcluster ROOTS / Institut für Ur- und Frühgeschichte, Christian-Albrechts-Universität zu Kiel

Laurenz Hillmann

Exzellenzcluster ROOTS / Institut für Ur- und Frühgeschichte, Christian-Albrechts-Universität zu Kiel

Henriette Brandt

Exzellenzcluster ROOTS / Institut für Ur- und Frühgeschichte, Christian-Albrechts-Universität zu Kiel

Darja Jonjić

Exzellenzcluster ROOTS / Institut für Slavistik, Christian-Albrechts-Universität zu Kiel

Anastasiia Kurgaeva

Exzellenzcluster
ROOTS / Institut für
Ökosystemforschung,
Christian-Albrechts-
Universität zu Kiel

Florian Schwake

Exzellenzcluster
ROOTS / Institut
für Klassische
Altertumskunde,
Klassische Archäologie,
Christian-Albrechts-
Universität zu Kiel

Sara Mura

Exzellenzcluster
ROOTS / Institut
für Klassische
Altertumskunde,
Klassische Archäologie,
Christian-Albrechts-
Universität zu Kiel

Fiona Walker-Friedrichs

Exzellenzcluster
ROOTS / Institut für
Ur- und Frühgeschichte,
Christian-Albrechts-
Universität zu Kiel

Gianluca Ricci

Institut für Klassische
Altertumskunde,
Gräzistik, Christian-
Albrechts-Universität
zu Kiel

Katharina Zerzeropulos

Exzellenzcluster
ROOTS / Institut für
Ur- und Frühgeschichte,
Christian-Albrechts-
Universität zu Kiel

Zum Weiterlesen

DARJA JONJIĆ, KATHARINA ZERZEROPULOS, SARAH BOCKMEYER

Byl, J., 1982. Moin! Die lange Erklärung eines kurzen Grußes. *Ostfriesland. Zeitschrift für Kultur, Wirtschaft und Verkehr*, 1982 (2), 32-37.

Byl, J., 1989. Nochmals: „Moin-moin!" Der Ostfriesengruß greift weiter um sich. *Ostfriesland. Zeitschrift für Kultur, Wirtschaft und Verkehr*, 1989 (1), 10-18.

Elspaß, S. und Möller, R., 2003ff. *Atlas zur deutschen Alltagssprache (AdA)*. Online unter: https://www.atlas-alltagssprache.de (zuletzt aufgerufen am 20. Januar 2025).

Kettner, B.-U., 1988. Die norddeutsche Umgangssprache – eine neue Zweitsprache? *In:* Institut für niederdeutsche Sprache, Hrsg. *Niederdeutsch und Zweisprachigkeit. Befunde – Vergleiche – Ausblicke. Beiträge zum Symposion des Instituts für niederdeutsche Sprache an der Universität Bremen, 29.-31.10.1986*. Leer: Schuster, 95-113.

Niebaum, H., 1986. Niederdeutsch in Geschichte und Gegenwart. *In*: C. Schuppenhauer, Hrsg. *Niederdeutsch: fünf Vorträge zur Einführung. Eine Gemeinschaftsveranstaltung von Universität Bremen und Institut für niederdeutsche Sprache, Wintersemester 1985/86*. Leer: Schuster, 7-41.

Schwab, A., 2017. Was ist Sprache? Weblog *Plattdüütsk Blog*, 11. April 2017. Online unter: https://plattduutskblog.tabi.ch/2017/04/11/ostfriesland_sprache/ (zuletzt aufgerufen am 20. Januar 2025).

Simon, C., 2020. MOIN! Der kleine Knigge zum schönsten Gruß der Welt. *Geheimtipp Hamburg*, 17. Oktober 2020. Online unter: https://geheimtipphamburg.de/geheimtipp/moin-der-kleine-knigge-zum-schoensten-gruss-der-welt/ (zuletzt aufgerufen am 20. Januar 2025).

Stellmacher, D., 1997. Sprachsituation in Norddeutschland. *In*: G. Stickel, Hrsg. *Varietäten des Deutschen. Regional- und Umgangssprachen*. Berlin und New York: de Gruyter, 88-108.

HENRIETTE BRANDT, SARA MURA, LAURENZ HILLMANN

Chen, J.C., Aldenderfer, M.S., Eerkens, J.W., Langlie, B.A.S., Viviano Llave, C., Watson, J.T., Haas, R., 2024. Stable isotope chemistry reveals plant-dominant diet among early foragers on the Andean Altiplano, 9.0–6.5 cal. ka. *PLoS One*, 19 (1), e0296420. Online unter: https://doi.org/10.1371/journal.pone.0296420.

Cordain, L., 2012. *AARP. The paleo diet revised: Lose weight and get healthy by eating the foods you were designed to eat*. Hoboken: John Wiley & Sons.

Cordain, L., Eaton, S.B., Miller, J.B., Mann, N., Hill, K., 2002. The paradoxical nature of hunter-gatherer diets: Meat-based, yet non-atherogenic. *European Journal of Clinical Nutrition*, 56 (Suppl. 1), S42-S52. Online unter: https://doi.org/10.1038/sj.ejcn.1601353.

Dart, R.A., 1925. Australopithecus africanus. The Man-Ape of South Africa. *Nature*, 115, 195-199. Online unter: https://doi.org/10.1038/115195a0.

Dart, R.A., 1953. The Predatory Transition from Ape to Man. *International Anthropological and Linguistic Review*, 1 (4), 201-217.

Furholt, M., 2021. Mobility and Social Change: Understanding the European Neolithic Period after the Archaeogenetic Revolution. *Journal of Archaeological Research*, 29, 481-535. Online unter: https://doi.org/10.1007/s10814-020-09153-x.

Godoy, R., Reyes-Garcia, V., Gravlee, C.C., Huanca, T., Leonard, W.R., McDade, T.W., Tanner, S., TAPS Bolivia Study Team, 2009. Moving beyond a Snapshot to Understand Changes in the Well-Being of Native Amazonians. Panel Evidence (2002-2006) from Bolivia. *Current Anthropology*, 50 (4), 563-573. Online unter: https://doi.org/10.1086/599983.

Lemmen, C. und Gronenborn, D., 2018. The Diffusion of Humans and Cultures in the Course of the Spread of Farming. *In*: A. Bunde, J. Caro, J. Kärger, G. Vogl, Hrsg. *Diffusive Spreading in Nature, Technology and Society*. Cham: Springer International Publishing, 333-349. Online unter: https://doi.org/10.1007/978-3-319-67798-9_17.

Leonard, W.R., Reyes-García, V., Tanner, S., Rosinger, A., Schultz, A., Vadez, V., Zhang, R., Godoy, R., 2015. The Tsimane' Amazonian Panel Study (TAPS): Nine years (2002-2010) of annual data available to the public. *Economics & Human Biology*, 19, 51-61. Online unter: https://doi.org/10.1016/j.ehb.2015.07.004.

Martin, B. und Harvey, P.H., 1987. Human bodies of evidence. *Nature*, 330, 697-698. Online unter: https://doi.org/10.1038/330697a0.

Tresset, A. und Vigne, J.-D., 2011. Last hunter-gatherers and first farmers of Europe. *Comptes Rendus Biologies*, 334 (3), 182-189. Online unter: https://doi.org/10.1016/j.crvi.2010.12.010.

Ungar, P.S., Hrsg., 2006. *Evolution of the Human Diet. The Known, the Unknown, and the Unknowable*. Oxford: Oxford University Press.

ANASTASIIA KURGAEVA, FLORIAN SCHWAKE, FIONA WALKER-FRIEDRICHS

Eriksen, M., Lebreton, L.C.M., Carson, H.S., Thiel, M., Moore, Ch.J., Borerro, J.C., Galgani, F., Ryan, P.G., Reisser, J., 2014. Plastic Pollution in the World's Oceans: More than 5 Trillion Plastic Pieces Weighing over 250,000 Tons Afloat at Sea. *PLoS One*, 9 (12), e111913. Online unter: https://doi.org/10.1371/journal.pone.0111913.

Havliček, F. und Kuča, M., 2017. Waste Management at the End of the Stone Age. *Journal of Landscape Ecology*, 10 (1), 44-57. Online unter: http://doi.org/10.1515/jlecol-2017-0009.

Jackson, L., 2014. *Dirty Old London. The Victorian Fight Against Filth*. New Haven und London: Yale University Press.

Newman, S., 2023. *Unmaking Waste. New Histories of Old Things*. Chicago: The University of Chicago Press.

Sosna, D. und Brunclíková, L., Hrsg., 2016. *Archaeologies of Waste. Encounters with the Unwanted*. Oxford: Oxbow Books.

Tekman, M.B., Walther, B.A., Peter, C., Gutow, L., Bergmann, M., 2022. *Impacts of plastic pollution in the oceans on marine species, biodiversity and ecosystems*. Berlin: WWF Germany. Online unter: http://doi.org/10.5281/zenodo.5898684.

LAURENZ HILLMANN, ANNA-THERES ANDERSEN, FLORIAN SCHWAKE

Angelakis, A.N. und Rose, J.B., 2014. *Evolution of Sanitation and Wastewater Technologies through the Centuries*. London: IWA Publishing.

Arwill-Nordbladh, E., 2016. Viking Age Hair. *Internet Archaeology*, 42. Online unter: http://dx.doi.org/10.11141/ia.42.6.8.

Huber-Rebenich, G., Rohr, C., Stolz, M., Hrsg., 2017. *Wasser in der mittelalterlichen Kultur. Gebrauch – Wahrnehmung – Symbolik*. Das Mittelalter. Perspektiven mediävistischer Forschung, Beiheft 4. Berlin und Boston: De Gruyter. Online unter: https://doi.org/10.1515/9783110437430.

Singh, P.K., Dey, P., Jain, S.K., Mujumdar, P.P., 2020. Hydrology and water resources management in ancient India. *Hydrology and Earth System Sciences*, 24 (10), 4691-4707. Online unter: https://doi.org/10.5194/hess-24-4691-2020.

Whittock, M., 2009. *A Brief History of Life in the Middle Ages*. London: Constable & Robinson.

Wright, R.P., 2010. *The Ancient Indus. Urbanism, Economy, and Society*. Case Studies in Early Societies. Cambridge: Cambridge University Press.

SARAH BOCKMEYER, GIANLUCA RICCI, ANNA-THERES ANDERSEN

Duffy, E., 2009. *The Speed Handbook. Velocity, Pleasure, Modernism*. Post-Contemporary Interventions 31. Durham: Duke University Press, 17.

Fansa, M., 2004. *Rad und Wagen. Der Ursprung einer Innovation. Wagen im Vorderen Orient und Europa*. Archäologische Mitteilungen aus Nordwestdeutschland, Beiheft 40. Mainz: Philipp von Zabern.

Köninger, J., Mainberger, M., Schlichtherle, H., Vosteen, M., Hrsg., 2002. *Schleife, Schlitten, Rad und Wagen. Zur Frage früher Transportmittel nördlich der Alpen*. Rundgespräch Hemmenhofen 10. Oktober 2001. Hemmenhofener Skripte 3. Freiburg: Regierungspräsidium Stuttgart.

Mischka, D., 2022. *Das Neolithikum in Flintbek 1. Eine feinchronologische Studie zur Besiedlungsgeschichte anhand von Gräbern*. Frühe Monumentalität und Soziale Differenzierung 20. Bonn: Dr. Rudolph Habelt GmbH.

Piezonka, H., Käppel, L., Ricci, A., Hrsg., 2023. *ROOTS of Routes. Mobilität und Netzwerke zwischen Vergangenheit und Zukunft*. ROOTS Booklet Serie 2. Leiden: Sidestone Press. Online unter: https://doi.org/10.59641/z2700cl.

STEFANIA FIORI, LAURENZ HILLMANN, GIANLUCA RICCI

Aporta, C. und Higgs, E., 2005. Satellite Culture. Global Positioning Systems, Inuit Wayfinding, and the Need for a New Account of Technology. *Current Anthropology*, 46 (5), 729-753. Online unter: https://doi.org/10.1086/432651.

Cameron, L., 2020. „Healthy Country, Healthy People": Aboriginal Embodied Knowledge Systems in Human/Nature Interrelationships. *The International Journal of Ecopsychology*, 1 (1), Artikel 3. Online unter: https://digitalcommons.humboldt.edu/ije/vol1/iss1/3 (zuletzt aufgerufen am 13. September 2024).

Casajus, D., 2010. À propos d'une géométrie vernaculaire: pratiques d'orientation en pays touareg. *Afriques. Débats, méthodes et terrains d'histoire*, 2. Online unter: https://doi.org/10.4000/afriques.723.

Dahmani, L. und Bohbot, V.D., 2020. Habitual use of GPS negatively impacts spatial memory during self-guided navigation. *Scientific Reports*, 10 (6310). Online unter: https://doi.org/10.1038/s41598-020-62877-0.

van der Ham, I.J.M., Claessen, M.H.G., Evers, A.W.M., van der Kuil, M.N.A., 2020. Large-scale assessment of human navigation ability across the lifespan. *Scientific Reports*, 10 (3299). Online unter: https://doi.org/10.1038/s41598-020-60302-0.

GIANLUCA RICCI, FIONA WALKER-FRIEDRICHS, DARJA JONJIĆ

Gagarin, M., 1986. *Early Greek Law*. Berkeley: University of California Press.

Hansen, M.H., 1999. *The Athenian Democracy in the Age of Demosthenes. Structure, Principles, and Ideology*. Norman: University of Oklahoma Press.

Macgregor, M., o. J. *The Story of Greece Told to Boys and Girls*. London und Edinburgh: T.C. & E.C. Jack Ltd.

Murray, O., 1993. *Early Greece*. 2. Auflage. Cambridge: Harvard University Press.

Pugliese Carratelli, G., Hrsg., 1993. *La città antica*. Milan: Mondadori.

Zimmern, A.E., 1911. *The Greek Commonwealth. Politics and Economics in Fifth-Century Athens*. Oxford: Clarendon Press.

ANNA-THERES ANDERSEN, DARJA JONJIĆ, SARA MURA

Brummell, P., 2022. *Diplomatic Gifts. A History in Fifty Presents*. London: Hurst & Company.

Häberlein, M. und Jeggle, C., Hrsg., 2013. *Materielle Grundlagen der Diplomatie. Schenken, Sammeln und Verhandeln in Spätmittelalter und Früher Neuzeit*. Irseer Schriften, N. F. 9. Konstanz und München: UVK Verlagsgesellschaft.

Hardt, M., 2004. *Gold und Herrschaft. Die Schätze europäischer Könige und Fürsten im ersten Jahrtausend*. Europa im Mittelalter 6. Berlin: Akademie-Verlag.

Mauss, M., 1923/24 [2019]. *Die Gabe. Form und Funktion des Austauschs in archaischen Gesellschaften*. Suhrkamp Taschenbuch Wissenschaft 743. Frankfurt a. M.: Suhrkamp.

Schwedler, G., 2011. Diplomatische Geschenke unter Königen im Spätmittelalter. Freundschaft und Gabentausch zwischen politischer Praxis und der schriftlichen Norm der Fürstenspiegelliteratur. *In*: M. Grünbart, Hrsg. *Geschenke erhalten die Freundschaft. Gabentausch und Netzwerkpflege im europäischen Mittelalter*. Akten des Internationalen Kolloquiums Münster, 19.-20. November 2009. Byzantinische Studien und Texte 1. Münster, Berlin, London: LIT Verlag, 145-186.

Shochat, H., 2024. Archaeological Ivories: A practical guide for identifying elephant and hippo ivory in the archaeological record. *BioRxiv Preprint*. Online unter: https://doi.org/10.1101/2024.01.27.576203.

Yonge, C.M., 1878. *Young Folks' History of Germany*. Boston: D. Lothrop and Company.

SARA MURA, SARAH BOCKMEYER, ANASTASIIA KURGAEVA

Alberti, L.B. und Grayson, C., 1975. *Alberti: De Pictura. Reprint a Cura Di Cécil Grayson*. Biblioteca degli Scrittori d'Italia degli Editori Laterza. Rom und Bari: Laterza.

Hafsteinsson, S.B., 1999. Post-mortem and funeral photography in Iceland. *History of Photography*, 23 (1), 49-54. Online unter: https://doi.org/10.1080/03087298.1999.10443798.

Hoysted, E., 2011. The art of death and childbirth in Renaissance Italy. Unpublizierte Dissertation, University College Cork.

Kasket, E., 2012. Continuing bonds in the age of social networking: Facebook as a modern-day medium. *Bereavement Care*, 31 (2), 62-69. Online unter: https://doi.org/10.1080/02682621.2012.710493.

Madden, K.S., 2017. „Breaking the Mould". Roman Non-Elite Plaster Death Masks: Identifying a New Form of Funerary Commemoration and Memory. *Assemblage: the Sheffield graduate journal of archaeology*, 16, 13-31. Online unter: https://eprints.whiterose.ac.uk/153282/ (zuletzt aufgerufen am 12. Februar 2025).

Walter, T., 2015. Communication media and the dead: from the Stone Age to Facebook. *Mortality*, 20 (3), 215-232. Online unter: https://doi.org/10.1080/13576275.2014.993598.

FLORIAN SCHWAKE, STEFANIA FIORI, KATHARINA ZERZEROPULOS

Bachmann-Medick, D., 2021. *Cultural Turns. Neuorientierungen in den Kulturwissenschaften*. Rowohlts Enzyklopädie 55675. 7. Auflage. Reinbek bei Hamburg: Rowohlt.

Bemmann, J., Dahlmann, D., Taranczewski, D., Hrsg., 2021. *Core, Periphery, Frontier – Spatial Patterns of Power*. Macht und Herrschaft 14. Göttingen: V&R unipress, Bonn University Press.

Bräunlein, P.J., 2012. Material Turn. *In*: Georg-August-Universität Göttingen, Hrsg. *Dinge des Wissens. Die Sammlungen, Museen und Gärten der Universität Göttingen*. Göttingen: Wallstein Verlag, 30-44.

Burkhardt, C.A.H., Hrsg., 1870. *Goethes Unterhaltungen mit dem Kanzler Friedrich von Müller*. Stuttgart: Cotta.

Filippi, D., Hrsg., 2022. *Rethinking the Roman City. The Spatial Turn and the Archaeology of Roman Italy*. Studies in Roman Space and Urbanism. London und New York: Routledge.

Gilhuly, K. und Worman, N., Hrsg., 2014. *Space, Place, and Landscape in Ancient Greek Literature and Culture*. New York: Cambridge University Press.

Harris, O.J.T. und Cipolla, C.N., 2017. *Archaeological Theory in the New Millennium. Introducing Current Perspectives*. London und New York: Routledge.

Hölscher, T., 2012. Urban Spaces and Central Places in the Greek World. *In*: S.E. Alcock und R. Osborne, Hrsg. *Classical Archaeology*. Blackwell Studies in Global Archaeology 10. 2. Auflage. Chichester, Malden (Mass.) und Oxford: Wiley-Blackwell, 164-181.

Lefebvre, H., 1991. *The Production of Space* [Übersetzung von D. Nicholson-Smith]. Oxford und Cambridge: Blackwell.

Locock, M., Hrsg., 1994. *Meaningful Architecture. Social Interpretations of Buildings*. Worldwide Archaeology Series 9. Aldershot und Brookfield: Avebury.

Lucas, G., 2012. *Understanding the Archaeological Record*. New York: Cambridge University Press.

Ott, K., 2023. *Epistemology, Economics, and Ethics. A Practical Philosophy of Prehistoric Archaeology*. ROOTS Studies 4. Leiden: Sidestone Press.

Paliou, E., Lieberwirth, U., Polla, S., Hrsg., 2014. *Spatial Analysis and Social Spaces. Interdisciplinary Approaches to the Interpretation of Prehistoric and Historic Built Environments*. Topoi. Berlin Studies of the Ancient World 18. Berlin und Boston: De Gruyter. Online unter: https://doi.org/10.1515/9783110266436.

Soja, E.W., 1989. *Postmodern Geographies: The Reassertion of Space in Critical Social Theory*. London und New York: Verso.

KATHARINA ZERZEROPULOS, ANASTASIIA KURGAEVA, HENRIETTE BRANDT

Antidiskriminierungsstelle des Bundes, 2024. *Diskriminierungsformen*. Online unter: https://www.antidiskriminierungsstelle.de/DE/ueber-diskriminierung/was-ist-diskriminierung/diskriminierungsformen/diskriminierungsformen-node.html (zuletzt aufgerufen am 12. Februar 2025).

Cole, M., 2016. *Racism: A Critical Analysis*. London: Pluto Press. Online unter: http://www.jstor.org/stable/j.ctt18gzdjq (zuletzt aufgerufen am 20. Januar 2025).

Descartes, R., 1637 [1978]. *Von der Methode des richtigen Vernunftgebrauchs und der wissenschaftlichen Forschung*. Aus dem Französischen von Lüder Gäbe. Philosophische Bibliothek 26a. Hamburg: Felix Meiner Verlag. Online unter: https://philocast.net/wp-content/uploads/2017/10/Descartes-1960-Von-der-Methode.pdf (zuletzt aufgerufen am 20. Januar 2025).

Fibbi, R., Midtbøen, A.H., Simon, P., 2021. *Migration and Discrimination: IMISCOE Short Reader*. IMISCOE Research Series. Cham: Springer Nature. Online unter: https://doi.org/10.1007/978-3-030-67281-2.

Fiske, S.T., 1998. Stereotyping, Prejudice, and Discrimination. *In*: D.T. Gilbert, S.T. Fiske, G. Lindzey, Hrsg. *The Handbook of Social Psychology*, Band 2. 4. Auflage. New York: McGraw-Hill, 357-411.

Fredman, S., 2016. Substantive equality revisited. *International Journal of Constitutional Law*, 14 (3), 712-738. Online unter: https://doi.org/10.1093/icon/mow043.

Hobbes, T., 1651 [2023]. *Leviathan oder Stoff, Form und Gewalt eines kirchlichen und bürgerlichen Staats*. Aus dem Englischen von Walter Eucher. 18. Auflage. Berlin: Suhrkamp.

Khaitan, T., 2014. *The Philosophy of Anti-Discrimination Law*. Oxford: Oxford University Press.

Locke, J., 1690 [2023]. *Zwei Abhandlungen über die Regierung*. Aus dem Englischen von Hans Jörn Hoffmann. 17. Auflage. Berlin: Suhrkamp.

Robertson, J., 2015. *The Enlightenment. A Very Short Introduction*. Oxford: Oxford University Press.

Rousseau, J.J., 1762 [2018]. *Vom Gesellschaftsvertrag oder Grundsätze des Staatsrechts*. Aus dem Französischen von Eva Pietzcker und Hans Brockard. Stuttgart: Reclam.

United Nations, 2023. *International Bill of Human Rights*. Online unter: https://www.ohchr.org/en/what-are-human-rights/international-bill-human-rights (zuletzt aufgerufen am 16. September 2024).

United Nations, 2023. *Universal Declaration of Human Rights*. Online unter: https://www.un.org/en/about-us/universal-declaration-of-human-rights (zuletzt aufgerufen am 16. September 2024).

Impressum

»Verwurzelte Gewohnheiten: Neue Wege – alte Muster?«

Herausgegeben von Sidestone Press, Leiden
www.sidestone.com

Layout, Cover-Design und Bildbearbeitung: Petra Horstmann und Tine Pape, Kiel
Redaktion: Matthias Halle und Eileen Küçükkaraca, Kiel

Veröffentlichung des Exzellenzclusters ROOTS

Kontakt
Sprecher: Prof. Dr. Johannes Müller
johannes.mueller@ufg.uni-kiel.de
Wissenschaftliche Koordination: Dr. Andrea Ricci, PD Dr. Mara Weinelt
office@roots.uni-kiel.de

Adresse
Exzellenzcluster ROOTS
Christian-Albrechts-Universität zu Kiel
Leibnizstr. 3
24118 Kiel, Deutschland
www.cluster-roots.org

ISBN/EAN Paperback:	**978-94-6426-396-1**
ISBN/EAN PDF E-book:	**978-94-6426-397-8**
DOI:	**https://doi.org/10.59641/jj456mv**

Veröffentlicht mit Mitteln der Deutschen Forschungsgemeinschaft (DFG) im Rahmen der deutschen Exzellenzstrategie – EXC 2150 ROOTS – 390870439.

ROOTS cluster of excellence

Gefördert durch
DFG Deutsche Forschungsgemeinschaft

CAU Kiel University Christian-Albrechts-Universität zu Kiel
JMA
LEIZA Leibniz-Zentrum für Archäologie
IPN
Max-Planck-Gesellschaft
Institutum Archaeologicum Germanicum

ROOTS ist der Nachhaltigkeit verpflichtet. Die 'ROOTS Booklet Series' wird daher auf dem Recyclingpapier 'Circle Offset Premium White' gedruckt, das mit dem Zertifikat 'Blauer Engel' ausgezeichnet ist.